Communication skills that boost
your team member's growth

［増補改訂版］

ヤフーの1on1（ワン オン ワン）

部下を成長させるコミュニケーションの技法

本間浩輔

ダイヤモンド社

はじめに

あなたの部下はこの1年、どんな仕事をしていましたか？
部下とあなたが最後に一対一で話したのはいつですか？
あなたが部下よりも高い給料を手にする理由は何ですか？

本書は、一対一の対話、つまり「1on1」を行うためのコツを記した、職場コミュニケーションの入門書です。

上長と部下の1on1と聞くと、多くのビジネスパーソンは「面談」を想像するのではないでしょうか。仕事の進捗を確認する面談、人事評価に関する面談など、職場では多くの面談があります。

しかし、ヤフー（現LINEヤフー）の1on1は、面談とは異なります。

原則週1回30分、業務として行う「部下のための時間」です。

上長のための進捗確認の場でも、仕事の相談の場でもありません。

一度デモを見ていただいて、自分たちで試して、練習すれば誰でもできます。

でも、最初からうまくいったわけではありません。

「1on1に時間を取られてほかの業務ができない」

「1on1に意義を感じない」

こんなことを何度も言われました。

しかし、紆余曲折を経た結果、少しずつ社員に浸透していったように思います。


本書では、ヤフーの1on1について、マンガや会話スクリプト、ヤフーをよく知る研究者や実際に1on1を取り入れている現場の管理職との対談、FAQなど、さまざまな切り口で1on1を上手に導入し、継続する方法を記しました。

そして今回、2017年3月に刊行した『ヤフーの1on1』に、大幅な加筆修正を行った増補改訂版を発売する運びとなりました。

『ヤフーの1on1』は、おかげさまで多くの方に読んでいただき、刷を重ねてきました。その後、たくさんの類書も出ましたし、1on1を実践する企業も増えました。一種のブームになったと言えるかもしれません。旧版がその火付け役になったと言ってもらえることもあります。

ですがそれは、ヤフーの事例が先進的であったとか、優れていたということではありません。

時代が1on1を必要としていたのです。

みんなが心のどこかで、上長と部下の関係を変えなければならない、と思っていたのでしょう。

加えて、コロナ禍によって以前よりも人と人との距離が広がってしまった。

コミュニケーションの環境が変わったことで、職場のメンバーも管理職も、ある種の不安に陥ってしまいました。さらに近年は、職場のメンバーがどんどん辞めていく。人手不足も相まって、企業が経営を継続するのに深刻な影響を及ぼしています。

2024年3月、私はヤフーを退職しました。

いまは、いくつかの企業の経営に関わったり、1on1の導入、定着のお手伝いをしたりしています。

また、慶應丸の内シティキャンパスという社会人向けの教育機関において、講師も務めています。

そのなかで、1on1について参加者のみなさんと考える時間を持ったり、企業の人事の課題を詳しく聞いたり、ヤフー以外での1on1についても学びを深めていくことができました。

この時間に加え、働く人の環境や、私自身の変化で、『ヤフーの1on1』を執筆した当時からかなり考え方がアップデートされたように感じます。そこで再度『ヤフーの1on1』を読み直してみると、あらためていま伝えるべき内容が少なくないことに気づきました。それが増補改訂版を出そうと考えた理由です。

今回の改訂版では、2章から5章を全面的にアップデートしました。2章は1on1の始め方をより体系的に整理し、3章は1on1を即興劇のように展開していくための4つのモードを追記しました。そして4章のFAQでは、企業や社会人講座においてよく聞かれる質問について、熱く（ときに厳しく）お答えしています。プロフェッショナルたちと私との対談も新たに収録し直しました。

だから本書では、私たちが考え、実践してきた1on1について余すところなく紹介し、解説しています。

とにかく1on1をやってみてください。
あなたの目の前の部下と一対一で対話をしてみてください。
1on1は、最前線で働くすべての管理職のための強いツールになるはずです。

目次

第2章 1on1を始めよう 53

第3章 4つのモードと働きかけ 119

第4章

困ったときのFAQ

第5章　これからの1on1の話をしよう　213

第1章 マンガで学ぶ 1on1の基本

よい1on1を実践するためには、
守るべきポイントがあります。
第1章では、2つのマンガで
上長と部下の対話を見ていただき、
効果的な1on1を行うためのコツを示します。

ヤフーの１ｏｎ１は、原則として週に1回、30分程度かけて行います。

進捗報告や評価面談など、組織における上長と部下の面談にはいろいろなものがありますが、私たちの１ｏｎ１は、部下のために行う面談です。

なので、30分の対話が終わったときに、部下が「**話してよかった**」と思えばまずは成功です。

これは決して簡単なことではありません。対話自体は難しいことではないのですが、その時間を部下のために使うには、心がけるべきこと、守るべきポイントがあります。

詳しい説明をする前に、まずは具体的なケースを見ることにしましょう。

この章では、ヤフーの１ｏｎ１をおおまかに理解していただくために、2つのマンガを読んでいただきます。ケースAとケースBは同じシーンの対話例ですが、部下のための面談かどうかという点で、大きな違いがあります。読み比べて、どこが違うのかを考えてみてください。

念のため付け加えますが、マンガはデフォルメした一部分であり、例示です。実際の１ｏｎ１には、さまざまなパターンがあることをご理解ください。

1on1
上長と部下との対話
ケースA

カシャ
カシャ
カシャ
今日は何の話をしましょうか
……

このところちょっと気がかりなことがありまして…

カシャ
カシャ

メンバーの鈴木さんのことなんですが…

ああ
鈴木さんね
カシャ
カシャ
カシャ
僕も気になって
いたんですよ
興味ない仕事は
なかなか手を
つけようとしません
よね

あっ いえ
いま困っているのは
プロジェクトの
進め方でして

鈴木さんと
周囲の関係者とで
意見が合わないらしく
進捗状況が
思わしくない
ことなんです

そっちのほうの
話ですか

うん
やっぱりうまく
進んで
ないんだ

鈴木さんは
今回の案件を任せるに
十分な経験と能力が
あります

ただ…
一緒に働く
周囲のメンバーと
ぶつかりがちで…

誰と
ぶつかって
いるんです？
い、
いえ
具体的に
誰と
いいますか…

けっこう激しく
衝突？
しょっちゅう
起こるんですか？

…「ぶつかる」
って
言ってしまい
ましたが

周りとうまく
協調がとれて
いないってことかな
と思ってまして…

ああ…
そういう
ところは
ありますよね

うん
彼の弱い
ところだな

自身の能力が
高いだけに
周囲への要求が
高い…

まぁ 高い水準で
仕事をしようと
すること自体は
悪いことでは
ありませんが…

モノの言い方と
いうか
伝え方に課題が
あると思って
いるんです

鈴木さんの
能力が高いと
いうのは実際
どうですかねえ

先日の案件だって
クロージングが
上手だとは
言い難かった

まあ
とはいえ
コミュニケーション
に難ありだと
いうことには同意
しますけどね

いま
話をしていて
気づいたの
ですが…

問題なのは
鈴木さんの
考え方や仕事の
進め方自体では
なくて

単に周囲との
接し方が
上手じゃないだけ
なのかな、と

そうそう
私もちょうど
そんなふうに
思っていたところ
です

となると
そこは上長が
関わるポイント
ですよ

そのあたりに
ついて
鈴木さんと
話してみて
ください

……そ、
そうですね

どうです？
少し道筋が
見えてきたん
じゃないですか？

私の
経験から言って
まずは率直に
話してみることが
一番です

……はい、
ありがとう
ございます

頑張って
みます

1on1
上長と部下との対話
ケースB

今日は
何の話を
しましょうか
カシャ
カシャ

このところ
ちょっと気がかりな
ことがありまして…

メンバーの
鈴木さんの
ことなん
ですが…

鈴木さん
ですか
何かあったん
ですか？

どんな
ことでしょう

……
ええ…

プロジェクトの
進め方について
鈴木さんとほかの
関係者とで
意見が
合わないらしく
進捗状況が思わしく
ないんです

そうですか
もう少し
状況を詳しく
話してもらえ
ますか

鈴木さんは
今回の案件を
任せるに十分な
経験と能力が
あります

ただ
一緒に働く周囲の
メンバーとぶつかり
がちで…

ときどき
険悪な
雰囲気に
なることが
あるんです

周りとの
協調がうまく
できていない…？

自身の能力が
高いだけに
周囲への要求が
高い…

まあ
高い水準で仕事を
しようとすること
自体は悪いこと
だと思いませんが

モノの
言い方と
いうか
伝え方には
課題があると
思っているんです

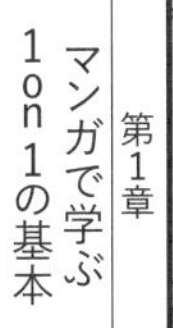

なるほど

伝え方に問題ありだと思っているんですね

いま話をして気づいたのですが問題なのは…

問題なのは
鈴木さんの
考え方や物事の
進め方では
なく
単に
周囲との
話し方
ですね

少し
問題の焦点が
見えてきた
みたいですが

どうして
いきましょう
か？

そう
ですねえ
……

鈴木さんとは周囲との
コミュニケーションの
あり方に話題を絞って
一度 話をしてみたいと
思います
そうですか

鈴木さんとは
近々話をする
予定が決まって
いますか？

ええ
明日の午前中に
1on1の時間を
とってあります

そこで話を
してみようと
思います

では、2つのマンガ、ケースAとケースBとで、シーンを見比べながら、いくつかのポイントについて説明します。

部下に十分話をしてもらう

ケースA

ケースB

面談を部下のための時間にするには**「部下に十分に話をしてもらうこと」**が大切です。１ｏｎ１では部下の行動や経験学習を深めることを狙いとしています。経験学習については第2章で説明しますが、これらを深めるために部下は、自分の経験を詳細に思い出して、言葉にして、深く内省することが必要です。

それでは、順を追って見てみましょう。

冒頭の部分から、ケースAとBでは大きな違いがあります。

まずケースAの上長は目線をノートPCのモニターから離そうとしません。一方で、ケースBの上長は、モニターから目を離したうえで体を部下に向けて話を聞いています。ご自分が部下ならば、ケースAとケースB、どちらの上長が話しやすいでしょうか。読者のみなさんのなかには、ケースBのように「じっと見られる」とかえって話をしにくいという人もいるかもしれません。しかし実際は、ケースAのような上長と１ｏｎ１を行っても、話は長く続きません。ケースAの上長の先が思いやられます。

それでも部下は、話を切り出します。

部下「このところちょっと気がかりなことがありまして…。メンバーの鈴木さんのことなんですが…」

上長「ああ、鈴木さんね。僕も気になっていたんですよ。興味ない仕事はなかなか手をつけようとしませんよね」

上長は「僕も気になっていたんですよ」と部下の言葉を先取りして、自分の考えていることを話し始めてしまっています。これでは部下の学びは深くなりません。むしろ、部下は上長の考えに沿ったことを話してしまうのではないでしょうか。しかし、このケースでは部下は勇気を持って、上長の言葉を否定しています。以下がその部分です。

部下「あっ、いえ、いま困っているのは、プロジェクトの進め方でして。鈴木さんと周囲の関係者とで意見が合わないらしく、進捗状況が思わしくないことなんです」

これに対して上長は、こんな反応をしています。

上長「そっちのほうの話ですか。うん、やっぱりうまく進んでないんだ」

みなさんは、これまでのやりとりをどう感じましたか？「やっぱり」という表現は気になりませんか？「やっぱり」とは、〝案の定〟〝上長が予測した通り〟という意味です。

1on1は部下のための時間であり、上長が状況把握をするためのものではありません。 ここで大切なのは、鈴木さんと接しているのは部下であり、部下がこの状況から何を学び、次の行動にどう活かしていくのかということです。ここでの上長の役割は、部下の学びの支援であり、そのための対話であることを意識する必要があります。

一方、ケースBの上長はどうでしょうか。

上長「鈴木さんですか。何かあったんですか？　どんなことでしょう」

上長「そうですか。もう少し状況を詳しく話してもらえますか」

この場面で、上長は「もう少し状況を詳しく話してもらえますか」と聞いています。この問いは上長が「部下と鈴木さんに何があったか」を聞くためのものではありません。上長は「部下と鈴木さんの間にあった出来事」から、部下が深く学ぶことができるように質問しています。まずは、「部下と鈴木さんの間にあった出来事」を、部下の頭のなかでありありと再生させるために、「もう少し状況を詳しく話してもらえますか」と聞きました。部下側は、鈴木さんについてぼんやりと状況を思い浮かべるのではなく、具体的な状況を語ることによって、鈴木さんや、部下を含む周りの人との関わりが、整理されていきます。

一方で、上長は部下の語りからでしか、「鈴木さんに何があったか」を想像することはできません。上長は、文字にして数十文字、時間にして数秒の語りで、状況を想像しているにすぎません。「プロジェクトの進め方について鈴木さんと周囲の関係者とで意見が合わないらしく、進捗状況が思わしくない」という事実について、**上長と部下の間には大きな情報量の違いがあります。**にもかかわらず、ケースAでは圧倒的に情報量の少ない上長が、あてずっぽうに、部下に対して助言しています。

上長のほうが鈴木さんについて知っていたり、対応方法のバリエーションを多く持っていると思われる方もいるかもしれません。しかし、ここでのポイントは、「部下が鈴木さんに対してどう接するか？」「部下が鈴木さんとの関係から何を学んで、次の行動に活かしていくか？」です。

仮に上長が経験豊富で部下に助言したほうが解決が早かったとしても、それでは部下の学びは浅いままです。だからこそ、**ケースBの上長は助言したくなる気持ちをぐっとこらえています。**このような上長の応答は、１ｏｎ１の導入として理想的です。

上長は、部下が頭のなかで出来事を再生できるように促す

話は最後まで聞く

ケースA

ケースB

部下「鈴木さんは、今回の案件を任せるに十分な経験と能力があります。ただ…、一緒に働く周囲のメンバーとぶつかりがちで…」

上長「誰とぶつかっているんです？」

ケースAの上長は部下に最後まで話をさせず、途中でさえぎって質問をしています。面談を100％部下のための時間にするという1on1の狙いからすると、これはもっとも避けなければならないことです。

「誰とぶつかっているんです？」という上長の問いは、上長の関心から発せられたものであり、部下の学びにはあまり関係がありません。本人が思い出して、学び、行動することが重要なのです。

この場合、上長は「ぶつかりがちで」という言葉に過剰に反応し、「誰と？」と聞いてしまっています。これでは、部下のためにはなりません。

部下「い、いえ、具体的に誰といいますか…」
上長「けっこう激しく衝突？　しょっちゅう起こるんですか？」

自分が事実を把握するために質問攻めにしてしまっています。事実を正確に把握したいという気持ちは、わからなくはありません。かといって、100％事態を把握するのも無理でしょう。

このような関係が続けば、上長からの指示に沿って行動するだけの**「考えない部下」**になってしまいかねません。

ここでの上長の質問は、どれも上長の関心や興味に基づく質問であり、対話の内容は部下が本当に話したいことからずれていくことになります。

一方で、ケースBの上長は、**部下の語りを聞くことに集中**しています。語ることによって、だんだん自分の考えが明瞭になり、深まっていく。部下のための時間が進んでいきます。

質問攻めにせず、部下の語りを聞くことに集中

上長は先に自分の考えを言わない

ケースA

ケースB

ケースAの上長の迷走は、なお続きます。

部下「…『ぶつかる』って言ってしまいましたが、周りとうまく協調がとれていないってことかなと思ってまして…」

上長「ああ…、そういうところはありますよね。うん、彼の弱いところだな」

上長は「彼の弱いところだな」と決めつけています。ここに1on1を上長と部下の間で行うことの難しさが表れています。ここで上長と異なる見立てを部下が持っていたとしたら、それを表明しづらくなるからです。

1on1は評価のための面談ではありません。良し悪しの判断はできるだけ避け、部下の思いや考えを深めるための問いかけをするべきです。

この点で、ケースBの上長は、効果的な言葉を投げかけています。

上長「周りとの協調がうまくできていない…？」

自分の判断を加えず、部下の言葉に反応しています。さらにこの上長が上手なのは、「ぶつかる」「ときどき険悪な雰囲気になる」という表現を「周りとの協調がうまくできていない」と言い換えたことです。

部下にとって「周りとの協調がうまくできていない」がしっくりこない表現であれば、「周りとうまく協調がとれないというわけではないのですが」と修正するはずです。

上長の言い換えを聞いて、部下の頭のなかでは「そうか、協調がとれていないいんだな」とか「いや、協調はとれているんだよな」と考えがぐるぐるまわっています。

１ｏｎ１では、考えを深めるツールとして**「言い換え」**をよく使います。部下の発言から状況を想像して、適切な言葉を選び、部下に投げかける。上長の語彙が豊かであればあるほど、よき１ｏｎ１ができる可能性が高まるとも言えます。

上長のニュートラルな反応を契機に、部下はさらに考えを深め、問題の本質を掘り下げていきます。

上長のニュートラルな反応に、部下は考えを深めていく

上長依存の関係にしない

ケースA

ケースB

上長「鈴木さんの能力が高いというのは実際どうですかねぇ」

ケースAの上長は「彼の弱いところだな」と決めつけたのと同様に、部下の言葉を否定することで、対話の流れを止めてしまっています。この対話でのメインテーマは、「鈴木さんの能力」ではなく、部下が鈴木さんとどのように向き合うかであるはずです。

具体的には、部下が鈴木さんとの接し方を振り返り、内省し次の行動に活かす。そして、これらの経験から部下が何かを習得し、鈴木さん以外の人との接し方のレパートリーを増やすことによって、部下の人材マネジメントの能力が上がる。これが1on1が意図するところになります。

ところが、ケースAの上長は、部下の言葉に疑問を呈しています。これでは、部下の考えを深めることにはなりません。自分の考えを対話に交ぜ込むことで、部下の話したいことから逸れていってしまっています。

1on1の基本は傾聴です。原則として評価もしないため、いわゆる「面談」などと比較して不用意に人を傷つけたり、ストレスフルな状況に追い込む可能性は低いはず。とはいえ、1on1が上長と部下との関係で行われていることには注意が必要です。

一般的に上長は部下の評価権限を持っています。加えて、部下の異動や業務アサインについても影響力を持っています。したがって、**部下は上長から嫌われるような発言はしないもの**です。よほど気をつけないと、部下は本音を話してくれません。

では、ケースBの上長はどのように対応しているでしょうか？

「周りとの協調がうまくできていない…？」という言い換えは、部下の考えを引き出すニュートラルな言い方です。このような問いかけをされると、部下は鈴木さんにどう向き合うべきか、考えを深めていけます。

注意していただきたいのは、否定が常にNGではないという点です。ただ、上手に否定しないと、いつの間にか部下は上長の指示を待つようになりかねません。上長依存になると、部下の学びが深まりません。

加えて、ケースBの上長は次のように進めます。

上長「なるほど。伝え方に問題ありだと思っているんですね」

部下が感じている問題の根が「伝え方」だとわかったところで、この言葉をキーワードとしています。そして、自分の意見や評価を加えずにそのまま返しています。ここからさらに部下の考えは深まります。

自分の意見や評価を加えずに返された上長の言葉で、さらに考えは深まっていく

次の行動の宣言で終わる

ケースA

ケースB

1on1では、**「どう締めくくるか」**も大事です。

ケースAの対話は、次のように進みます。

部下「いま、話をしていて気づいたのですが…、問題なのは、鈴木さんの考え方や仕事の進め方自体ではなくて、単に周囲との接し方が上手じゃないだけなのかな、と」

上長「そうそう。私もちょうどそんなふうに思っていたところです。となると、そこは上長が関わるポイントですよ。そのあたりについて、鈴木さんと話してみてください」

対話を進めることで問題の本質が見えてきました。しかし、**次の行動＝問題への対処法について、部下より先に上長が示してしまってはいけません。**部下が自ら思いついて行動に移すことが大切です。対話によって考えを深め、主体的に問題解決の方法にたどり着くことが部下の成長につながります。その観点からすると、ケースAの上長の言動は、部下が自ら次の行動を決める成長機会を奪っていることになります。

ケースBの上長はどうでしょうか。

部下「いま、話をして気づいたのですが、問題なのは、鈴木さんの考え方や物事の進め方ではなく、単に周囲との話し方ですね」

上長「少し問題の焦点が見えてきたみたいですが、どうしていきましょうか？」

次の行動について、部下自ら考えることを促しています。

ケースA、ケースBのどちらにも「いま話をしていて気づいたのですが」というような発言があります。話をしながら考え、話をしながら思いつくという経験は誰にでもあると思います。これも１ｏｎ１の狙いの１つです。

そしてケースAでの締めくくりの言葉です。

上長「どうです？　少し道筋が見えてきたんじゃないですか？　私の経験から言って、まずは率直に話してみることが一番です」

上長が自分の経験が豊富であると部下に自慢したところで、どのような意味があるのでしょうか？

この発言からは意図らしいものは感じられません。上長はよく考えずに発言しているようにも見えます。

このような発言の積み重ねは、１ｏｎ１の効果を損ねてしまいます。

一方で、ケースBの上長はどうでしょうか？

上長「そうですか。鈴木さんとは、近々話をする予定が決まっていますか？」

ケースBでは、行動の具体的なイメージを浮かべてもらうような問いかけをしています。その後、部下は具体的に鈴木さんと話をする時間まで上長に話しています。上長に行動を話すということは行動宣言であり、コミットメントと言えます。

実際には具体的な行動ができないかもしれないし、行動してもうまくいかないかもしれない。しかし、行動ができなければ、次の1on1で、なぜ行動ができなかったのかを振り返ればよい。**行動してもうまくいかなかったのならば、その理由を考えればよい。**上長はその支援者となり、粘り強く部下に寄り添う。このような積み重ねによって、考え、行動し、経験から学ぶ部下を育てることができます。

最後は必ず次の行動を宣言して終える

- １on１では、部下に十分に話をしてもらうことが大切である。きちんと部下と向き合って話す
- 部下の言葉を先取りしたり、途中でさえぎって自分の考えを話さない。それでは部下の学びは深まらない
- １on１は部下の成長のために行うものであり、上長が状況把握をするためのものではない
- 否定は常にNGではないが、上手に否定しないと上長依存、つまり「指示待ち部下」になってしまう。それでは部下は考えなくなり、学びは深まらない
- 次の行動＝問題への対処法について、部下より先に上長が示してはならない

第2章　1on1を始めよう

ヤフーの1on1が目指したのは
部下の経験学習を促進させ、
上長が部下の成長を支援すること。
同時に信頼関係が醸成されることで
組織力は向上します。

2-1

ヤフーが1on1に取り組む理由

1on1は何のために行うのか

「ただでさえ忙しいのに、何でわざわざ対話に時間を割かなければならないんだ」

これは、1on1を取り入れようとするときに部下側からも上長側からもよく聞かれる反応です。

「対話といっても、何を話したらいいのかわからない」という悩みもよく聞きます。

そもそも、1on1の目的とは何でしょうか。

私はあえて、**「1on1はご自由に」**と伝えています。**つまり、具体的に1つの「目的」は定めずに行うことを推奨しています。**なぜなら、1on1による効果は特定のものではなく、1つの目的を決めてしまうことで1on1の可能性を狭めてしまうためです。

仮に「1on1は部下の成長のために行う」という目的を決めたとします。そのこと自体は間違いではないのですが、それは同時にほかのメリットを否定することにもなりかねません。

「目的」よりも「効果」

では、１ｏｎ１が毎回雑談だけで終わるとしたらどうでしょうか。

私は「１ｏｎ１は雑談の場ではない」と話をすることが多いです。１ｏｎ１が毎回雑談になってしまうことは、社員の成長によって企業価値を上げるという視点において、マイナスであると考えています。

たとえば社員が１００人の会社において、「週に1回ずつ、全社員が30分雑談する」と聞いたら、あまりに膨大な雑談だけの時間を想像して、めまいがします。

これでは、企業が１ｏｎ１を導入する本来の意図からは外れてしまいます。

ですが、ときにはこんなケースもあります。

以前友人から聞いたエピソードを紹介します。

ある日の１ｏｎ１で、その日に限って上長から、「●●さん、聞いてください。週末、私の娘の彼氏が僕に会いに来るんです。結婚の話かもしれません。どうしよう」と相談をもちかけられたそうです。

これが相談なのか、雑談なのかはよくわかりません。また、「１ｏｎ１は部下のために行う」という原則からも逸脱します。ですが、ときとしてこのような１ｏｎ１があってもよいのではないでしょうか。

いつもは厳しい上長の人間的な一面を見ることは、意味がないことではありません。むしろ微笑ましい話です。

このように、１on１の目的を限定してしまうのは危険です。

そもそも、人と人とのコミュニケーションは、「目的」をはっきりさせなければできないものではありません。**業務を遂行するための「意思疎通」が目的となる場合もありますが、ときには何気ない雑談が「問題解決」のヒントになることもある。**

つまり、特定の目的のためにコミュニケーションがあるというより、コミュニケーションには多様な効果がありうる、と考えるのが自然です。

１on１においてもそれは同じで、複数ある目的を、上長と部下との協働作業によって、即興劇のように展開していくのが理想です。

企業が１on１を導入する際には、経営層や社員に対する説明も必要になります。このとき、１on１を導入する目的を明確に示す必要があるかもしれません。このような場面では、１on１によって職場のメンバーがどうなるのか、組織がどう変わるかを考えてみるのが有効です。

つまり、１on１の目的を示すのではなく、期待できる効果を示すのです。

経験上、１on１を継続すれば「１on１の効果」は、社員の実感によって表れてきます。

このことから、**1on1については「目的」よりも「効果」が重要**だと考えています。ヤフーで1on1を導入する際に考えた効果は以下の2つです。

効果1　経験学習の促進
効果2　上長による部下の成長支援（**才能と情熱を解き放つ**）

効果1　経験学習の促進

ヤフーの人材育成は「仕事の経験」を基本としています。
たとえば部下のAさんは、いまどのような仕事をしていて、どのような経験をしているのか？　Aさんがさらに活躍するためには、どのような経験をしていけばいいか、ということについて、「人財開発会議」（社員の成長を上長たちが考える会議）という会議体や、評価の会議、人事異動を決める場などで活発にやりとりされるのです。

このように、職場での経験を学びに換えて、次の仕事に活かしていくという人材育成の考え方を「経験学習」といいます。

経験学習の代表的な理論に「7：2：1の法則」があります。

これは、人の成長を決める要素の比率と言われていて、アメリカのコンサルタント会社であるロミンガー社が提唱しているものです。

「7：2：1」のうち、7は「仕事経験から学ぶ」割合、2は「他者から学ぶ」割合、そして残り1は「研修や書籍から学ぶ」割合を示しています。**つまり、経験こそがもっとも人を成長させるのです。**

だからこそヤフーでは、研修も、上長と部下との会話も、部下の育成方針を決めるときも、その中心には常に経験があります。

いい内省をすれば教訓が生まれる

前述の通り、ヤフーの人材育成は「仕事の経験」を大切にしています。

ですが、単に経験を重ねるだけで学びが深まるかというと、それほど単純ではないのが実情です。いろんな経験はしているけれど、同じような失敗や過ちを犯し続ける人はどこにでもいる。

ヤフーでは、経験を学習に変換するアクション＝「振り返り」も重視しています。

そして、１ｏｎ１を振り返りの場として位置付けています。

振り返りのあとは、経験から得た学びを試す場を見つけ、実際に試してみる。そのうえで、学びが活かせたかどうかをチェックする。

言わば経験を学びに換えるためのPDCAサイクルが必要であると考えています。

この考えを補足する理論として、ヤフーはアメリカの教育理論家であるデービッド・コルブの経験学習サイクルを採用しています。

コルブの「経験学習サイクル」とは、61ページの図1に示したように、人の学びは「経験をする→内省する→教訓を引き出す→適用する」というサイクルをたどる、というものです。

ヤフーにおける人材育成では、経験学習のサイクルをまわすことをイメージしています。

社員の具体的な経験をもとに、その経験を掘り下げて内省してもらい（省察的観察）、そこから教訓を引き出し（概念化）、次の仕事（新しい状況）に活かしていく。

このサイクルを何度も回転させることによって、社員の学びを深めていくのが狙いです。

「いい内省をすれば教訓が生まれるのである」というのが、コルブの経験学習の考え方です。

では、1on1を使って経験学習サイクルをまわすとはどういうことでしょうか。具体例を挙げて考えてみましょう。

たとえば、ある社員が数日前に、営業先でのプレゼンで失敗したとします。これが経験学習サイクルの第1ステップです。

その後、その社員は上長との１ｏｎ１で、失敗したプレゼンテーションをテーマに取り上げます。そのとき上長は、うなずいたり、相槌を打ったりしながら、部下が失敗したときの様子を思い出すことを促します。

また「うまくいったときと今回の違いは何だと思う?」「同じような経験はあったの?」などと質問をしながら、部下の内省を支援していきます。これが経験学習サイクルの第2ステップとなります。

第3ステップとして、部下は失敗したプレゼンテーションの経験からたとえば「資料のつくり込みが中途半端で、伝えたいことが伝わらなかった」という教訓を引き出したとします。

それを受けて上長は、経験から得た教訓を活かす次の機会（プレゼンテーション）を探していきます。

これが最終ステップです。

一般的に、経験学習の支援は外部のコーチなど協力者と依頼者の間で行われることが多いと思われます。

しかし、ヤフーの場合は上長と部下の間で経験学習の支援を行うのが特徴です。このため、部下の経験についてさまざまな視点から考えることが可能です。先ほどの例で言えば、資料の説明に同席していた人の話を聞いたり、提案に使ったという資料を確認することもできます。

このように、上長が部下の経験学習の促進に積極的に働きかけられるのが、社内で１ｏｎ１を行う最

図1　経験学習サイクル

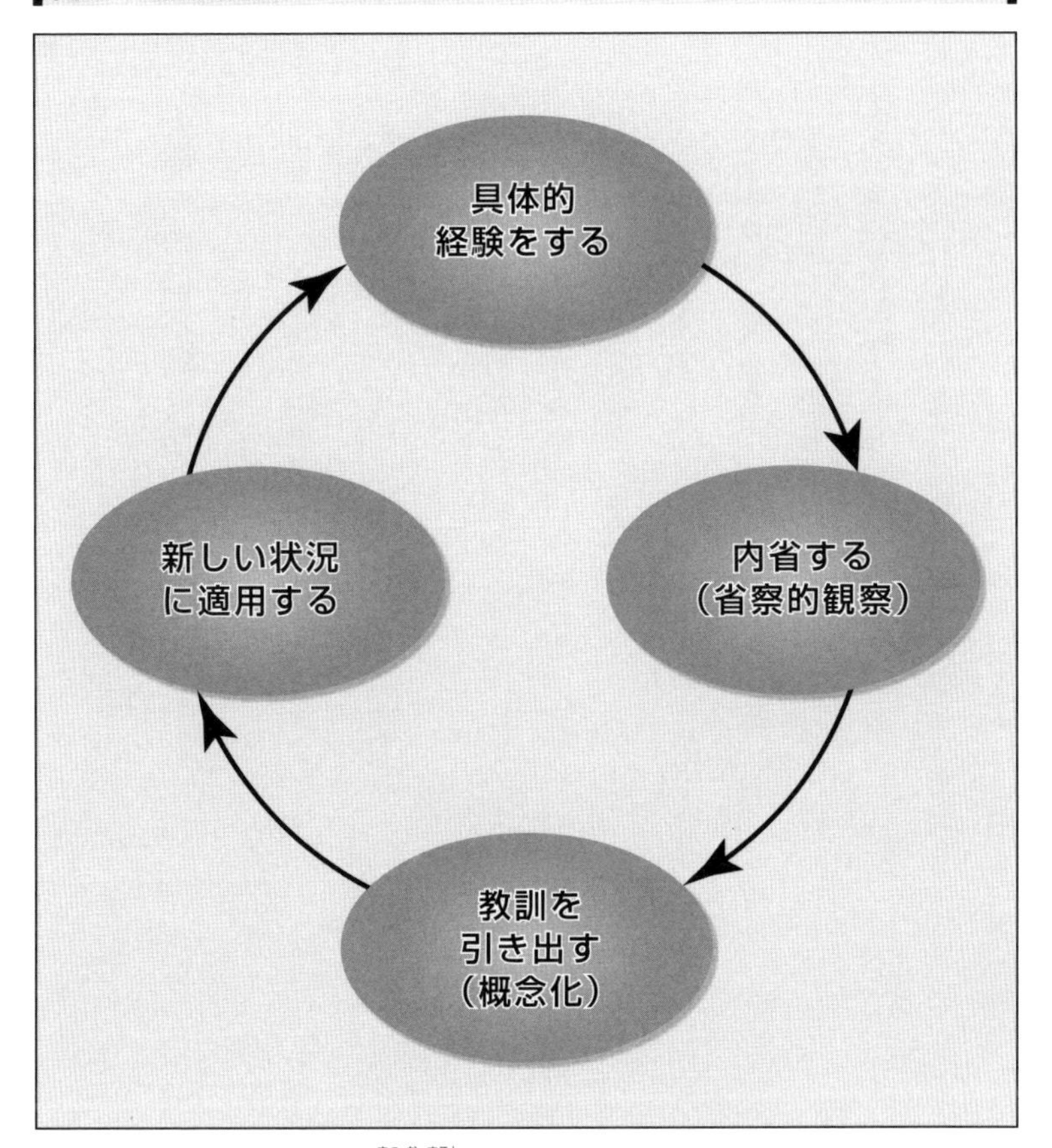

出所：コルブ（Kolb、1984）に松尾 睦（まつお まこと）の知見を加えて編集部が作成

大のメリットと言えます。

大切なのは教訓を活かす経験

前述の通り、コルブの経験学習サイクルの特徴は、内省が教訓に結び付く点です。しかし、それだけでは不十分ではないか、というのがヤフーの考えです。

私が20代で、新卒で入社した野村総合研究所にいたときの話です。

1つ上のK先輩が、とある県庁に出向していました。ときどき東京に戻ってきて、一緒に飲んだりしていたのですが、そんな折のことです。

いま思い返すと恥ずかしいことなのですが、当時生意気盛りだった私は行政機関を少し下に見ていました。そんななかで、K先輩の出向先である県庁の仕事ぶりを、官僚的だとかお役所的だとか、とにかくそんなことを口走ったのだと思います。

K先輩は、そんな私にこう言いました。

「お前はそう言うけどな、あの県庁では1人の若手に対して、次にどんなキャリアを積ませるか、どんな経験をさせるか、おじさんたちが缶ビール1本で夜中まで激論するんだぞ」

直接市民と接する窓口がいいとか、企画職がいいとか、もしくは民間企業へ出向させたほうがいいんじゃないか。いや、もっとこの経験をさせようとか。

とにかく、次にどんな経験をさせるかで激論を戦わせている、と言うのです。

「そんな文化がウチにあるか？」

私は30年経ったいまでも、その一言が忘れられません。

この出来事が私に示したのは、**どんなことも経験すればよいということではなく、本人の成長課題とつながっていることが望ましい**ということでした。経験学習サイクルで言えば、教訓を活かすような経験を用意する、ということです。

優れたマネジャーの条件は、１on１を通じて部下が得た教訓を定着させる機会を提供することでしょう。さらに、そのときの経験が活きているかどうかを見守ること。

これこそが、私が考える経験学習の要諦であり、上長の役割です。

繰り返しますが、経験から得た教訓を活かす場を与えるのは、外部の支援者には難しい。それは当然で、次の経験を獲ってくることは、社内の人間である上長にしかできないのです。

「経験資源」が枯渇しつつある

人が育つために「経験はとても大切な要素である」ということを誰もがわかりながら、実際にはいい経験をする機会はどんどん少なくなっています。まるで数に限りがある「資源」のようです。

このような状況から私は、貴重な経験のことを、**「経験資源」**と呼んでいます。おそらく私の造語ではないかと思うので、少し説明をしたいと思います。

2000年代初頭、リーダー育成においては「修羅場経験」が重要であるという考え方が一般的でした。

私が修了した神戸大学のMBAで当時教鞭をとられていた金井壽宏（かないとしひろ）先生の著書『仕事で「一皮むける」』（光文社　2002）は、当時の人事担当者の必読書でした。この本は、関西の超一流企業のトップに対するインタビューから構成されています。この時代に企業のトップであった人は、高度経済成長期の香りが残る1960年代に入社して社会人経験を積んだ人が多いのです。

この時期、高度経済成長期はほぼ終わっているものの、多くの企業では成長や拡大が続いていました。新しい製品やサービスの開発、海外進出なども盛んで、社員数に対して成長の機会が潤沢にあった。要するに、経験資源が豊富だったのです。

しかし、景気が衰退した現在では、一部のベンチャー企業などを除いて、**成長の機会となるはずの経験資源が枯渇している**と感じます。加えて、企業側に失敗を許す余裕がなくなってきている。このため、成功確率の高い人にばかり経験資源が集中しています。たとえば、大型の投資案件や、社運をかけるような大プロジェクトは、一部の優秀な人にしか任されないのが現状でしょう。

こういう時代において部下の成長を促すには、限られた経験資源をどのように割り当てるかが重要です。**だからこそ上長は、部下のために「経験資源」を獲りにいかなければならないのです。**

つまり、1on1を通じて部下が得た教訓を次に活かすための経験資源を獲得し、それを適切に提供すること。これこそが上長が果たすもっとも重要な役割であると思います。

ヤフーの経営幹部の間では、経験資源が共通語になっていて、プロジェクトのメンバーを決めるときに、「Aさんだと安心だけど、経験資源の視点ではBさんかな」などという会話がされていました。

また、人財開発会議では、「Cさんは、将来執行役員になって活躍してくれそうな存在だから、●●の経験をしてもらおう」という会話もしていました。

効果2　上長による部下の成長支援（才能と情熱を解き放つ）

ヤフーでは、経験学習のサイクルをまわすことのほかに、１ｏｎ１によって上長が部下の成長を支援し、**「才能と情熱を解き放つ」**ことも大切にしていました。

才能と情熱を解き放つとは、ヤフーの社員が、仕事や仲間からの支援をきっかけにして自らの才能に気づいて、自らの情熱を解き放つような仕事をする会社にしたい、そういう思いを言葉にしたものです。孔子が「努力は夢中に勝てない」という言葉を残しましたが、根本にある哲学は共通しています。

では、社員の才能と情熱を解き放つにはどうしたらよいのでしょうか？

才能と情熱を解き放つために重要なのは、**①いろいろな仕事を経験すること、②上長や職場の仲間から観察してもらいフィードバックを得ること、③そして①と②を統合して自らキャリアを選ぶこと**だと考えました。

まず、「①いろいろな仕事を経験すること」について説明します。

日本には数万種類の仕事があると言われています。そのうち、一人の人が経験できる仕事はいくつあるでしょうか。私の経験ではせいぜい１ケタだと思います。

世間にはこれだけ多くの仕事があるのに、私たちはほとんどの仕事を経験することなく、職業人生を終えていきます。

つまり、多くの人は自分に合った仕事があるにもかかわらず、そのことに気づかなかったり、仕事が自分に合っていないと知りつつも、家族のため、または生きていくために、現在の仕事を続けながら職業人生を終えているのです。

いまの日本では、自由に何度も転職ができる人は限られています。ですから、1つの会社においても、さまざまな仕事を経験して自分に合った一生の仕事を探すことは、有意義な人生を送るうえで意味のあることだと考えます。このためヤフーでは、社員がさまざまな仕事を経験して、そのなかから少しでも自分に合った仕事を見つけることを目指しました。

もちろん、ヤフーのなかで数万種類もの仕事を用意することはできません。しかし、社外への出向も含めて、できるだけ多くの仕事を経験することが大切だと思っていました。興味がある仕事があれば、兼務によって経験をしたり、自分の意思で異動したりする制度もつくりました。

ここでも「経験」がキーワードです。

とにかく経験を繰り返すことによって、自分に合った仕事に近づき、社員の「才能と情熱を解き放つ」会社にしたいと考えました。

そのために重要なのが、上長と部下との間で、部下がやりたい仕事、つまりキャリアについて話をしたり、上長が助言をしたりする1on1の場なのです。

職場の仲間は知っている、あなたの「強み」

次に「②上長や職場の仲間から観察してもらいフィードバックを得ること」について説明します。

「あなたの強みは何ですか？」と聞かれたときに即答できる人は少ないのではないでしょうか。自分自身のことは、案外わからないものです。

でも、「あなたの部下の強みは何ですか」と聞かれたらどうでしょうか。部下や同僚など、ともに働く他者の強みはなんとなく把握している人も多いかもしれません。

たとえば、営業が苦手だと思っている社員がいたとします。しかし、上長から見ると部下が営業をしている姿はいきいきとしているし、営業の苦労話をしているときは嬉しそうに見える。

また、本人は管理職に向いていないと感じていても、周りから見ると素晴らしい管理職であるというケースもあります。

このように、一人では気づきにくいことであっても、周囲からの観察を通じて、社員自身が自らの強みを発見できるかもしれない。その場としても1on1は活用できます。

社員に限らず、人は自分の本当の才能に気づいていないものなのだと思います。

私にも思い出深い出来事がありました。

人事の責任者になって1年半ぐらい経ったとき、当時ヤフーの社長だった宮坂学（みやさかまなぶ）（現東京都副知事）にこんなことを話しました。

人事の仕事はしんどいことが多く、前に担当していたヤフースポーツの仕事に戻りたい。そう、ぼやいたのです。そこで宮坂にこんなことを言われました。

「いや、本間さんは人事のほうが向いてるよ」

自分ではまったく向いていない仕事だと感じていたので意外でした。でも、一緒に働いている宮坂からすると、むしろその逆のように見えていたそうです。

そのひと言がなければ、私は人事を辞めていたかもしれません。あのときヤフースポーツに戻っていたら、うだつの上がらないプロデューサーになっていたでしょう。

人は案外、自分のことは知らない。でも、他人には見えている。

宮坂のひと言で、私はそれに気づきました。

だから1on1の場で、自分のことをよく知っていて、しかも自分の評価に関わっている上長から「君にはこれが向いてるよ」と言ってもらえるのは、幸せなことなのです。

人が一人で成長することは難しい。

でも、会社員は仲間に助けられて成長することができるし、仲間の成長に貢献することができるのです。

このためヤフーでは、上長であろうと部下であろうと、また、年齢や役職に関係なく、仲間の成長に関わり合うことを大切にしていました。

アサインよりチョイス

最後に、「③自らキャリアを選ぶこと」について説明します。

１ｏｎ１では、上長から「どんな仕事をやりたいの？」という質問をされることがあります。ですが、質問の答えによって異動が決まることは多くはありません。では、なぜこのような質問をするのでしょうか。

それは、やりがいを感じる仕事やその理由について内省することこそに意義があるためです。

それに、すぐに異動が実現しなくても、やりがいを感じられる仕事に少しでも近づくことが大切です。

働く人であれば誰でも夢中になれる仕事があるでしょう。時間を忘れて仕事をしたり、昼食を抜いてでもやりたいと思う仕事をした経験はありませんか？　この仕事の経験は将来役に立つと思ったり、自分が好きだと感じる領域の仕事をしたりした経験があるのではないでしょうか。
仕事とはお金を稼ぐ手段であり、苦役であるという考え方は否定しません。
しかし、自分の仕事に意味や意義を感じるためには、一人ひとりが自分のキャリアについてよく考える必要があります。そして、その機会を会社は提供するべきだと思っています。

このような考えをこめて、ヤフーでは、**「アサインよりチョイス」**と言っていました。いわゆる「キャリア自律」に近い考え方ですが、どちらも目指すところはほとんど同じです。

アサインよりチョイスの話をすると、「本人が希望する仕事がない場合どうするのか？」「本人が希望する仕事が現実的ではない（能力的な問題やポスト不足など）場合どうするのか？」という質問をよくいただきます。

まず、「本人が希望する仕事がない」ケースですが、これは現実的にやむを得ないことだと思います。だからといって、部下がチョイスしたい仕事を探索することから上長が逃げてはいけません。
また、自分の仕事に意味や意義を感じられない社員のなかには、その会社を去ることを選ぶ人もいます。

人生をかける価値のある仕事がその会社にないのならば、社員がどれほどハイパフォーマーであっても引き留めてはいけないと思います。

また、時間の経過によって「チョイスしたい仕事」が変化するかもしれないし、「チョイスしたい仕事」ではなくても、現在関わっている仕事を続けたほうがよい場合もあり得ます。

一方、「本人が希望する仕事が現実的ではない」ケースでは時間が必要です。

仮に本人の能力が足りないとしたら、そのことを受け入れるのに時間もかかるし、希望する仕事に近づくための経験や理解も必要になるかもしれません。

昨今、キャリアコンサルタントなど、キャリア支援に関する資格を取ったり、キャリアについて学ぶ人が増加したりする傾向にあると聞きます。実は私も、2002年から約10年かけて、キャリアについて学びました。

その経験から言えるのは、キャリアについて考えるのは一人では難しいということです。

だからこそ、上長が部下のキャリア自律のお手伝いをできるかもしれない。その場の1つとして、1on1を位置付けています。

2-2 1on1の3ステップ

ここまで1on1の効果について見てきました。

では具体的に、1on1をどのように進めていけばいいのでしょうか。

ここでは、初めて1on1を実践する方や、これまでうまくいかなかった方に向けて、1on1を3つのステップで説明します。

ステップ1　対話の「機会をつくる」
ステップ2　まずは徹底的に「傾聴」し、「次の行動を決める」
ステップ3　部下の変化を「観察」し、「フィードバック」する

以下に詳しく解説します。

ステップ1　対話の「機会をつくる」

ヤフーで１ｏｎ１が浸透した理由の１つは、「上長と部下とのコミュニケーションを、（業務として）会社が指示した」ことにあると思います。

上長は部下ともっと話をしたかった。しかし、忙しい部下の時間をとることをためらう上長がたくさんいた。

一方で、部下も上長ともっと話をしたかった。しかし、忙しい上長をつかまえて、自分一人のために時間をとってもらうような依頼はできなかった。

要するに、上長も部下もコミュニケーションの時間が欲しいと思っていたけれど、その機会がなかったのです。

加えて、コロナ禍でリモートワークが浸透した結果、ますます上長と部下が話す機会が減りました。リモートワークの浸透といった環境変化だけでなく、我々のコミュニケーションのスタイルも変わってきています。コミュニケーションなんて面倒だ、いらないという声もよく聞かれます。

コミュニケーションは、その頻度が低くなればなるほど億劫になります。

そしていつの間にか、コミュニケーションをとらなくていいような理由を探すようになる。

だからこそ、時間や頻度を決めて定期的に行う1on1は、貴重なコミュニケーションの機会になると考えます。

会社から「週に1回程度、30分上長と部下で話す時間をつくってください」と指示がなされると、状況は劇的に変わるのです。

なので、1on1を始めるにあたっては、「忙しくないときに」「月に1回」など、あいまいな頻度ではなく、「毎週水曜日の13時から30分間」など、できれば週1回30分ほどの決められた時間を確保することが重要です。

毎週必ず決められた時間に1on1を行うことで、対話が「習慣化」します。

上長も部下も、対話に慣れていくことが1on1を成功させる「はじめの一歩」なのです。

「苦手な部下」こそ1on1

「上長は部下を選べるが、部下は上長を選ぶことができない」

これは部下に向けたアドバイスとしてよく言われることです。しかし、上長が部下を選べないことも多いのが実情ではないでしょうか。

その結果、上長にとって、コミュニケーションをとりにくい、さらに言えば「苦手な部下」がいるこ

とも事実です。

私は、これまで1万回を超える回数の1on1を行ってきましたが、「苦手な部下」との関係をなんとかしたいという管理職の悩みを聞くことは珍しくありませんでした。

ヤフーで私の同僚であった熊澤真(くまざわまこと)さんは、「部下とパイプはつながっているか」「部下とのパイプはさびていないか、水は通っているか?」というイメージ(比喩)を用いながら、コーチングを行っているようです。

職場の最前線で働く管理職に必要なのは、毎日顔を合わせる部下と円滑なコミュニケーション(意思疎通)を行うための、「小さなリーダーシップ」です。

私たちが、普段イメージするリーダーシップとは、経営者や企業の幹部など、大きな組織や多数の部下を率いるための力ではないでしょうか。そこで想定されているリーダーはみんなのヒーローだし、ときとしてカリスマであることもあります。このようなリーダーシップのあり方を私は「大きなリーダーシップ」と名付けました。

しかし、実際のリーダーである中間管理職のほとんどは、数人から多くても10人程度の部下を相手にしています。このため、**多人数ではなく少人数に合わせたリーダーシップのあり方**が必要なはずです。

たとえば大きなリーダーシップでは、多人数の心を動かすような、力強いメッセージを伝えるスピーチの能力は不可欠です。

一方で小さなリーダーシップは、メッセージを伝える能力よりも、「しっかりと聞く力」が重要になってきます。

小さなリーダーシップにおいては、部下とのコミュニケーションがうまくいくかどうかがチームの成果に直結します。特に、「苦手な部下」といかに健全な関係を維持するかは、「小さなリーダーシップ」の要諦とも言えます。

もともと仲がよかったり、性格が合ったりする部下なら、お茶をしたり、飲みに行ったりという具合に、意識しなくてもコミュニケーションの頻度は保たれます。しかし、性格が合わない部下や、苦手な部下の場合はそうはいきません。


私にもそんな経験がありました。

仕事に対する価値観が異なる、どちらかというと苦手な部下のAさんがいました。私がチームをうまくマネジメントするためには、彼を外したほうがいい、と助言してくれる同僚もいました。

でも、私はそうはしたくなかった。

その当時、ヤフーには1on1の制度はありませんでしたが、自分のチームだけは1on1を行いました。特に、Aさんとはコミュニケーションの頻度を保つため、週1回のペースを守りました。

最初の数ヶ月は、話す内容にも苦労しましたが、事前に話題を用意し、普段からAさんを観察するなどの準備を怠りませんでした。

Aさんはぶっきらぼうな態度を見せることもありましたが、1on1を通じて価値観を知ることができたので、だんだんと受け入れることができるようになっていきました。その後、私が仕事で困難な状況に直面したとき、助けてくれたのはAさんでした。

苦手な部下と高頻度で1on1を行うことにより、その人の意外な一面が発見できます。これは実際に1on1をやってみないと想像しにくいかもしれません。

その結果、1on1の場以外での会話（スモールトーク）の機会が増えて、トータルのコミュニケーション回数が増えることもあります。

たとえば1on1の場で、共通の趣味があることに気づいたり、部下の「推し」を知り、その話をしたりするという例はよく聞きます。

かつては「タバコ部屋のコミュニケーション」というものがありました。タバコを喫う人は昼休みや会議の合間など、頻繁に喫煙所で顔を合わせる。それで、どんどんコミュニケーションの頻度が上がっていきます。

タバコ部屋で行われるコミュニケーションの内容は、実のところ大したものではありません。おそらく趣味の話とか、家庭の話などが中心でしょう。1回のコミュニケーションの時間も短い。しかし、高頻度が保たれている。

昨今では、職場のフリーアドレス化も進んでいます。座席が固定だった頃は、座るところが決まっているから必然的にコミュニケーションをとる機会も多かった。集中しているときに声をかけられたり、ランチや飲み会に誘われるなど、ややこしいこともありました。それでもコミュニケーションの頻度は高かったし、いまよりお互いを知る機会は多かった。

やはりここでも注目したいのは、コミュニケーションの「内容」ではなく「頻度」なのです。

組織が共通の目標に向かっていくとき、上長と部下の間に信頼関係があるかどうかはパフォーマンスに大きな影響を及ぼします。

人間関係が希薄なうちは、上長も部下も忌憚(きたん)なく話をすることは難しいものです。一歩踏み込んだ対話をするためには、両者の間に信頼関係が構築されていることが不可欠です。

信頼は「信じて頼る」と書きますが、信じることも頼ることも、高頻度でコミュニケーションを重ねることなしには実現しません。

ステップ2　まずは徹底的に「傾聴」し、「次の行動を決める」

ステップ1では、対話の場をつくり、コミュニケーションの頻度を高めることが重要だと述べてきました。では実際の1on1では、どのように対話を行えばいいのでしょうか。

1on1が一般的になって、さまざまな方法論が語られています。そのなかで、私が1つだけ強調して話していることがあります。

それは、**「傾聴」**の意味です。

講演などで参加者のみなさんに「傾聴という言葉を知っていますか?」と尋ねると、ほとんどの人が「知っている」と答えます。

なるほど、傾聴という言葉は多くのビジネスパーソンが知る言葉のようです。

しかし、1on1における傾聴の意味まで正確に知る人は、そう多くはありません。

上長と部下が業務のなかで行う1on1は、コーチングやカウンセリングを参考としたものです。コーチングやカウンセリングにおける傾聴といえば、アクティブリスニングのことを指します。アクティブリスニングとは、その名の通り「積極的な傾聴」を意味します。「積極的」と「傾聴」に逆のイメージを持つ人も多いかもしれません。

日本では、「話は最後まで聞きなさい」「人の話の腰を折ってはいけない」と教えられてきたように思います。積極的に聞くというより、受動的に聞くという感覚なのではないでしょうか。

このため、１ｏｎ１における積極的な傾聴（アクティブリスニング）を理解するのとしないのとでは着地点が大きく異なってしまいます。

１ｏｎ１では積極的に相手の話に耳を傾けることが重要です。

アクティブリスニングについては、次の第3章でさらに詳しく説明します。

１ｏｎ１の基本形

ここでは、実際の１ｏｎ１を想定した会話スクリプトを用いて、部下の話を積極的に傾聴し、「経験学習」のＰＤＣＡサイクルをより効率的にまわす具体的な方法について解説します。

上長：今日は何を話そうか？
部下：Ａ社に出す提案書のことなんですけど。
上長：うん。
部下：手がつけられないんです。

上長：もう少し詳しく話をしてください。

部下：はい。A社への提案資料なんですけど、大きな提案に仕立てたいなと思っていて、だけど手がつけられないんです。

上長：金額が大きな提案を考えているんだ。

部下：いや大きいというのは金額ではなくて、新しいというか、これまでにない提案をしたいとずっと思っていて。

上長：前からこれまでにない提案をしたいと思っていたんだ。なるほど。

部下：いえそんなたいしたことではないんですけど、そうしないとつまんないから。

上長：つまらない仕事なんてしたくない。

部下：そういうわけではないんですけど、やっぱり成長したいから。

上長：そうか、Bさん（部下）は仕事で成長したいと思っているんだ。

部下：はい、そう思います。

上長：うん（沈黙）。

部下：でも、現実はですね。そんなによい提案は思い浮かばない。

上長：そうかなあ。

部下：僕には能力がないから。

上長：Bさんは自分に能力がないと思っているんだ。
部下：そんなこと言っても仕方ないか（笑）。
上長：A社の提案書、どうする？
部下：（少し考える）
上長：いま決めなくてもいいけど。
部下：まずは書いてみようと思います。それでみんなに見てもらいます。
上長：ほう。いいね。
部下：はい。
上長：いつまでにやろうか？
部下：今週中には着手します。
上長：私に手伝えることはある？
部下：来週中に一度見てもらえますか？
上長：よろこんで。
部下：ありがとうございます。
上長：最後に、これ以外についても私が知っていたほうがいいことって何かある？

「今日は何を話そうか？」

「今日は何を話そうか？」という切り出しは、ヤフーの１on１の考え方を表す象徴的なひと言です。

この切り出しのポイントは、部下がテーマを決めることです。なぜなら、**１on１は部下のために行うものであり、上長が聞きたいことを聞く場ではない**からです。

「１on１は部下のために行う」という大前提を上長が理解できるかどうかが、１on１導入の成否を決定します。

感覚的に言うと、管理職の9割はこのことを理解できません。１on１の導入が失敗する事例の多くは、上長は１on１をわかったつもりでも、実際には「上長が伝えたいことを伝える場になっている」というパターンです。上長が望むテーマを部下が「あてにいく」と言ってもよいかもしれません。

ここでボタンを掛け違えてしまうと、対話スキルのトレーニングをどれだけやっても効果は期待できません。

でも、１on１の初めに「今日は何を話そうか？」と聞くことを習慣化すると、「何を話そうか？」と尋ねられることを部下は意識するようになります。そして、部下はあらかじめ話すテーマを探しておくようになるのです。

つまり、その場で考えて話すのではなく、経験学習でいう「内省」が１on１の前から始まるという

ことです。

「もう少し詳しく話をしてください」

「もう少し詳しく話をしてください」という質問は、上長が詳しく聞きたいと思ったから質問しているのではありません。

部下が内省を深めるために、あえて投げかけた質問です。

話すためには頭のなかを整理する必要があります。このため、「話をしてください」と言われると、部下は選んだテーマについての状況を頭に思い浮かべ、そこに登場する自分を客観的に見ることができます。その結果、内省が深まるのです。

ここでは、A社に出す提案書に手がつかないという状況を、部下がどう認識しているかが重要です。上長が詳細な状況を把握するのではなく、「部下の頭のなかを整理するために、詳しく思い出させる」のが狙いです。

一方、1on1における典型的な上長の失敗として、アドバイスをしようと思うがあまり、「どういうふうに進めたいの?」「誰かに相談した? それは誰?」などと、自分の理解のための質問をしてしまうことがあります。

自分の頭のなかに部下と同じ状況をイメージしようとして質問をしたくなる気持ちはわかります。**しかし、それでは詰問になってしまいます。**

この傾向は部下思いの上長ほど顕著です。上長の思いに反して、それでは部下は育ちません。むしろ、そのような関係は部下からの依存を強くするだけです。

1on1での質問は、上長が知らない情報を得るためにするものではありません。部下の頭のなかの、いままで動いていなかった一部分を動かすために言葉を投じることです。

「**金額が大きな提案を考えているんだ**」

このスクリプトでは、上長は部下の言う「大きな提案」をハッキリさせようとしています。部下のなかに大きな提案に対する思いが強くあるのだろう、というのが上長の仮説です。

しかし、それはまだあいまいです。関わる人が多いという意味での大きな提案なのか、金額が大きいという意味なのか、野望が大きいという意味なのか、部下自身もまだわかっていません。

そこで、「大きな提案」を具体的にするために、「金額が大きな」と一歩踏み込んで、部下が言っていない言葉で補足しています。

あえて極端に言ってみるのがコツです。

すると部下は、上長の問いに対して「これまでにない提案」と応答しています。ここで、部下の考えが少しハッキリしてきました。

ここで強調したいのは、「これまでにない提案」という部下の応答は、「金額が大きな提案を考えているんだ」という質問によってクリアになったという点です。上長の気持ちを考えれば、部下の「大きな提案」を「金額が大きな提案」と言い換えるのは、的を外した質問を投げかけることになるかもしれない。このため、慣れないと勇気を必要とするでしょう。

しかし、あえて「金額が大きな提案」と質問したことによって、部下は「これまでにない提案」と一歩踏み込んだ言葉に置き換えることができています。

「　　なるほど　　」

上長は、「これまでにない提案」と確認したうえで、「なるほど」とニュートラルに返しています。

この応答で部下は、「これまでにない提案」と言ったものの、上長から「あなたには無理だ」とか「これまでにない提案なんて風呂敷を広げずに確実な提案をするべきだ」などと言われるのではないかと思ったかもしれません。

そこで上長は、あえて「これまでにない提案」とあいまいな表現をした部下の気持ちを察しました。そのため「なるほど」と言って、部下の言葉を肯定しています。

本書では何回か触れますが、上長と部下で1on1を行うことは効果的である一方、留意しなければならないことも少なくありません。

上長の前で話をする部下は、自分の言動が評価対象である、と思い込んでいます。スクリプト内の上長は、そんな部下の気持ちを察して、**あえて「なるほど」とニュートラルに返答しています。**

ここで、いくつか不適切な例を挙げてみましょう。

部下：いや大きいというのは金額ではなくて、新しいというか、これまでにない提案をしたいとずっと思っていて。

上長：そんなこと考えているから、提案書が手につかないんだよ。早く手を動かせよ。

部下：いや大きいというのは金額ではなくて、新しいというか、これまでにない提案をしたいとずっと思っていて。

上長：A社はそんなの求めていないと思うけど。

上長が言っていることは事実かもしれません。しかし、これまでにない企画を提案したいと思っている部下にこのような声かけをすることは、部下の成長につながるのでしょうか。それ以前に、部下がよい提案書をつくるための後押しになるでしょうか。

1on1においては、部下に「本音をしゃべっていいんだ」という気持ちで、自由に話をしてもらうための安全なコミュニケーションの場をつくることが重要です。

「そうしないとつまんないから」

「そうしないとつまんない」という、部下の信念を表すかもしれない言葉が出てきました。

上長は即座に「つまらない仕事なんてしたくない」とキーワードを繰り返して、部下がどう対応するかを確認しようとしています。

「つまらない仕事はしたくない」は本当に信念なのか。もしくは思わず口をついて出ただけで、実際には違うのか？　または、部下は「つまらない仕事はしたくない」と発話してはみたものの、自分が考えていることは違う（言ってはみたがしっくりこない）と感じたかもしれません。

これに対して部下は「そういうわけではないんですけど、やっぱり成長したいから」と応答してきました。なるほど、部下の信念は「仕事で成長したい」でした。

上長はさらに確認するために「Bさんは仕事で成長したいと思っているんだ」と確認しています。

上長はここで初めて「Bさんは」と主語を明らかにしています。

日本語での会話は、主語を省略することが多いものです。このため、**カギとなるセンテンスではあえて主語を明確にすることによって、それが本音なのかどうかを確認**しています。

「Bさんは仕事で成長したいと思っているんだ」。これは、これまでの応答と比較して部下の信念を確認する強い意味を持つセンテンスになっています。

「　うん（沈黙）　」

「はい、そう思います」という部下の応答に対して、上長は「うん」と、**ここでもニュートラルに答えて、その後沈黙**しています。ここで上長は、部下が次に何を言うかを待っています。

上長側からすると、「だから、こういうふうにしたいんだね」「大きなプロジェクトをしたいんだね」と言いたくなります。

しかし、すでに部下の「仕事で成長したい」という信念が明らかになりました。そしていま、部下は自分の気持ちに向き合って何かを考えています。

このようなタイミングで上長が助け舟を出してしまうと、依存関係が生じてしまいます。

上長は部下のBさんに仕事で成長してもらうために、自分で考えて行動を決め、失敗でも成功でもいいからチャレンジしてほしいと思っています。

このため、部下が言葉を考えて発するまで「うん」などと相槌を打ちながら、自ら言葉を発することを我慢しているのです。

「僕には能力がないから」

部下の「僕には能力がないから」という発言は、率直な自己評価であると同時に「そんなことはないよ」と言ってもらいたい気持ちが入り交じっているように聞こえます。

ここでも上長は、「Bさんは自分に能力がないと思っているんだ」とニュートラルに応答しています。

その言葉を聞いた部下は気持ちを切り替えて「そんなこと言っても仕方ないか(笑)」と反応しています。

1on1の理想的な展開です。

仮に上長が「そんなことはないよ」と言ったとすると、部下にとってはうっすらと期待していたメッセージをもらえたことでホッと満足してしまうでしょう。そして思考がそこで止まってしまい、深まることはありません。

上長のニュートラルな応答によって、部下の思考は深まります。

そして部下は「A社への提案資料に手がつけられない」という事例から、自分には能力がないと思い込んでいるから手がつかないんだという自身の内面に気づきます（内省）。

上長があえてニュートラルな返答をしたことで、そんなことを言っていても仕方ないと自ら気づくこと（概念化・教訓化）ができました。

「　A社の提案書どうする？　」

上長は、部下の教訓化ができたところですかさず「次の行動」に話を移します。

「A社の提案書どうする？」と尋ねて、部下のコミットを引き出そうとしています。

部下はここでも思考をめぐらしますが、上長は部下の答えを急ぎません。

「いま決めなくてもいいけど」とニュートラルな答えを返しています。

その結果、部下は「まずは書いてみようと思います」と次の行動を宣言しています。

「　いつまでにやろうか？　私に手伝えることはある？　」

上長は、部下の行動宣言を確かなものにするために2つの問いかけをしています。

「いつまでにやろうか？」は、行動に日付を入れることを促すものです。この質問も行動に対するコミットメントを引き出します。

「私に手伝えることはある？」もコミットメントを誘発します。上長に手伝ってもらったら、部下としてもやらないわけにはいきません。

また、上長としても部下の宣言に協力できれば理想的でしょう。

「これ以外についても私が知っていたほうがいいことって何かある？」

私は1on1でひと通り話が終わったあと、必ず最後に「今日のテーマと関係なくていいから、俺に話しておこうかなと思うことある？」と質問していました。

ポイントは、「部下が何について話をしてもよいという質問であること」です。

私の経験では、部下の9割は少し考えたうえで「ありません」と答えて終わりますが、そこから大切な話を聞かされる場合もあります。

その内容は、大別すると、**①部下のための情報と、②上長のための情報**の2つになります。

まず、①部下のための情報では、本人のキャリアや評価に関わるような「上長には言いにくい」内容であったり、プライベートに関わる内容であることもあります。

部下側からすると、上長が時間をとってくれているのだから、１on１にふさわしいテーマについて話さなければ、という思いが強いのです。

しかし、１on１は「部下のための時間」なので、**話すべきか話さないべきか悩むくらいであれば、部下は話すべき**です。このため、上長がニュートラルな質問をすることによって、「話してみようか」という気持ちになります。

私の経験では、職場での自分の居場所がないと感じているという話や同僚との人間関係の話、家族の介護や子供の受験の話といったプライベートに関する話など、その内容は多種多様でした。

仕事とは直接関係のない内容も含まれますが、部下にしてみると話をしてよかったと思うケースがほとんどです。

繰り返しになりますが、１on１で大切なのは、部下が「本音をしゃべっていいんだ」という気持ちです。そのためには、自由に話をしてもらうための安全なコミュニケーションの場をつくること。たとえ仕事に関係がなくても、話をすることで場の安全性が高まるなら真剣に話を聞くべきです。

次に、②上長のための情報です。

先ほども述べた通り、1on1は部下のための時間であって上長のための時間ではありません。**したがって、上長のための情報を部下から得るというのは、1on1の趣旨とは異なります。**

しかし、1on1の副次的な効果として、部下が成長すること以外にも上長側のメリットもあるのです。

上長側のメリットは、**より現場に近いナマの情報を得られること**です。

一般的に、職位が上がれば上がるほど、現場から遠くなる。その結果、管理職にはナマの情報が届かなくなります。

私は人事の責任者をしていたので、誰を役員にするか、誰に大きなプロジェクトを任せるかという意思決定に関わることがありました。そして、その際にいくつもの失敗を経験してきました。失敗を振り返ると、多くは人に対する勘違いや思い込みが理由です。影響力のある個人の発言を鵜呑みにせず、裏をとれば避けられた失敗も多かったのです。

管理職が重要な意思決定に失敗するのは、判断能力が低いからではなく、情報不足（勘違い、思い込み）であることがほとんどです。近年企業の不祥事が頻繁にメディアで話題になります。この遠因の1つに、現場の情報が経営層に伝えられていないということがあるのではないかと考えます。現場の情報を把握して、経営層に伝えるのも管理職の大切な仕事です。

「事件は会議室で起きてるんじゃない、現場で起きてるんだ！」というテレビドラマ『踊る大捜査線』

の名ゼリフがありますが、ビジネスにおいても同じことが言えるのではないでしょうか。

管理職は現場の情報を真摯に受け取る努力をすべきだと思います。

そして、部下のための情報であろうと、上長のための情報であろうと、部下が**「本来の1on1の目的ではないようなことを話してくれた事実」**こそ重要です。

なぜならそれは、1on1が部下にとって充実した場となり、何でも話してよいのだという安心感や信頼感を醸成できた結果だからです。

このレベルまで達することができれば、上長はそれ以上1on1のスキルについて学ぶ必要はないのかもしれません。

ステップ3　部下の変化を「観察」し、「フィードバック」する

ステップ2で例に出した1on1の会話スクリプトでは、部下は上長に対して次の行動を決めて終了しています。

では、その後の1on1で、上長はどのように部下と関わればよいのでしょうか。

ここでも会話スクリプトを用いて説明します。前に挙げたシーンのあと、次に行われた1on1です。

上長：今日は何を話そうか？
部下：先週お話ししたA社に出す提案書のことなんですが。
上長：うん。
部下：まずは前任者のCさんにA社のこれまでの事業についてヒアリングしてみたんです。
上長：Cさんに話しかけているのを見かけましたよ。
部下：はい。Cさんからは、以前A社に企画を提案した際の資料をもらうことができました。
上長：ほう。それは役に立ちそうですね。
部下：そうなんです、それでつくった提案書をCさんにも見てもらいました。
上長：そうなのですね。では……（続く）

1on1は、1回やって終わりではありません。次の行動を決定して終わった1on1の翌週は、部下の行動に対して適切なフィードバックを行う必要があります。**適切なフィードバックを行うためには、部下の行動をしっかりと「観察」しておかなければなりません。**1on1のあとは、しっかりと部下の変化を観察しましょう。

たとえば、部下が同僚や他部署の人に何かを働きかけたりしていた場合は、その行動を見ていたことを伝えましょう。上長が自分の行動を見てくれていることがわかるだけでも、部下は安心するものです。

そして、１ｏｎ１の効果を最大化するためには、フィードバックのタイミング、なかでも即時性が大切です。

たとえば部下が好ましくない行動をとった場合、できるだけ早くフィードバックを行って軌道修正しないと、よい影響をもたらしません。

また、ミーティングで熱くなると周りの人の声が聞けなくなって、言葉がきつくなる傾向のある社員には、「その場」で、フィードバックすることも大切です。

次の１ｏｎ１のときに、「１週間前のミーティングでの態度はよくなかったように見えたよ」と言っても、部下にとっては何のことだかわかりません。ケースバイケースではありますが、基本的にはすぐにフィードバックを行い、その後の１ｏｎ１で再度確認するくらいがよいでしょう。

フィードバックで重要なのは、行動に対して褒めたり叱ったりといった「評価」を加えないことです。

ここで上長が、良し悪しの評価をしてしまうと、上長の判断に依存した部下になってしまうおそれがあります。

繰り返しますが、１ｏｎ１は部下の成長のために行うものです。

上長の役割は、部下が課題を言語化し、それを乗り越えていく手助けに徹することなのです。

2-3

対談……❶

「観察」と「承認」で部下との信頼関係を築き上げた先

蛯谷敏(えびたにさとし)・リンクトイン　シニア・マネージング・エディター

2000年日経BP入社。2006年から『日経ビジネス』の記者・編集者として活動。2012年に日経ビジネスDigital編集長、2014年に日経ビジネスロンドン支局長。2018年7月にリンクトイン入社。現在はシニア・マネージング・エディターとして、ビジネスSNS「LinkedIn」の東南アジア市場におけるコンテンツ統括責任者を務める。これからの働き方、新しい仕事のつくり方、社会課題の解決などをテーマに取材を続けている。

シンガポールで働く蛯谷敏さんの部下は5人。全員が外国人の多国籍チームだといいます。言葉も文化も異なる部下たちを統率するのは容易ではないはず。しかし、1on1をはじめ、コミュニケーションを重視するマネジメントをして成果を上げている、と聞きました。具体的にはどんなことをしているのか、詳しく聞いてみましょう。

＊＊＊

部下の「承認欲求」を満たすこと

本間　蛯谷さんとは、2013年に『爆速経営　新生ヤフーの500日』（日経BP　2013）という本を書いていただいたご縁です。自分がやってきたことを書いてもらって感謝しています。

蛯谷　あのときに、1on1のこともいろいろうかがいましたね。その後、日経BPからリンクトインというソーシャルメディアの会社に移り、7年目になります。最初の4年は、日本でリンクトインのニュースコンテンツをつくる編集部を立ち上げました。

4年間日本でコンテンツを通じたコミュニティをつくったあと、東南アジアにもそのモデルを展開したい、ということで、2年前にシンガポールに拠点を移しました。現在はマネジャーとして、インド人、インドネシア人、シンガポール人の3国籍の部下5人と働いています。直属の上司はインド人で、その上がフランス人、その上がアメリカ人というなか、日本人は私1人だけです。

日経BPで編集長を務めたときに、日本人のスタッフを束ねたことはありましたが、これだけ国籍が違う人たちをまとめるのは、もちろん初めての経験でした。どうしようか、と考えて、本間さんが取材のときに話していたことをいくつか試してみました。結果的にそれがうまくいっています。定期的に実施している社員満足度調査では、おそらく、他地域の編集部のなかでも1、2位ぐらいの満足度だと思います。自分でも手ごたえがあります。

本間　具体的にはどんなことをやっているんですか?

蛯谷　特別なことは何もやっていなくて、当たり前のことを徹底するように心がけています。たとえば、毎日の声かけ。**とにかく「君のことを見てるよ」というシグナルを、これでもか、というくらいに送っています。**

マネジャーになったときはコロナ禍だったので、チャットやメールを通じて、こまめにメッセージを送っていました。部下の取り組みがうまくいったら、とにかく「ありがとう」「よかったよ」などと細かく声かけします。毎朝、全員で集まる会議でも、「〇〇さんの行動は素晴らしかった」など、**部下の行動について「承認」すること**をずっと続けていました。

本間　どういうことを褒め、承認するんですか？

蛯谷　部下が行動した場面を全員に説明して、「こういうときに、こういうふうにやってくれたことが僕は嬉しかった」と自分の感想を加えていました。**結果を褒めることが目的ではなくて、そのプロセスを認めることを意識していました。**

本間　フィードバックだよね。「昨日さ、みんながピリピリしていて冷たい雰囲気のときに、あなたが全員にコーヒーを配ってくれてすごい助かったんだ、ありがとう」って。褒めているのではなく、出来事を描写して感謝しているだけ。褒めるっていうのは「君、今日はすごくかっこいいね」とか、「君の仕事すごいね」などと言うこと。これもときには必要だけど、声がけが違いますよね。

蛯谷　そうですね。**ポイントは「この人は私のことを見てくれているんだ」と思ってもらえるか、**というところかもしれません。

本間　観察ということですね。

蛯谷　はい。たとえば、部下が素晴らしいコンテンツをつくって、それがたくさんの人に読まれたというのは結果です。それも素晴らしいんですけど、同時に、その部下を助けたほかの同僚の行動も観察しておきます。その支援がなければ、よいコンテンツは生まれなかったわけで、そこも含めて労(ねぎら)うことを常に考えています。

本間　だから成果を上げても「数千万の仕事をとったね」ではなく、「新しいチャレンジをして、これで売り上げを達成したんだね、頑張ったね」っていう、こういう言い方をできるかどうかですよね。部下の行動や成果を観察していなければできない。

観察しているから「変化」がわかる

蛯谷　部下の行動を観察することに加えて、週に1回、1人30分ぐらい時間をとって、1on1も実施しています。**ここでは部下の話を「聞く」ことに徹します。**仕事の業務連絡は別途時間を設けて、部下が話したいことを話してもらうようにしています。

内容によっては「それはね」とこちらから答えを言いたくなるときもありますが、それも上手に我慢するテクニックを覚えました。すぐに答えを教えるのではなく、2回ぐらい質問を挟んで、まずは自分で考えてもらうようにしています。

1on1中は本当に、特別なことは何もやっていません。それでも部下の表情を見ていると、**「自分たちはマネジャーに話を聞いてもらえている」**という手ごたえのようなものが摑めてきます。結果的に、組織の総合力が高まっていることを感じます。

本間　どんなときに組織の総合力が高まっていると感じますか？

蛯谷　昨年、けっこうな修羅場があったんですけど、僕が指示を出さなくても、同僚同士で自発的にコミュニケーションをとって、支え合って乗り切りました。自分がリーダーシップを発揮しなければ、と思っていたのですが、毎週の１ｏｎ１を通して、部下たちはみんな、僕がどんな指示を出すか先回りして動いていました。**自律的に動ける集団**に変わっていたんですね。みんなの意識が変わって、成長したんだという印象を持ちました。

　１ｏｎ１は、部下の状態を定点観測するうえでも大切な機会だと思います。あるとき、部下の様子がいつもと違ったので、「どうしたの？」と質問したら、突然涙を流しながら自分の評価に対する不安を話してきました。毎週、定期的に話を聞いているので、**普段と様子が違ったりすると、すぐにわかるようになってきます。**

本間　**これからの管理職に一番求められることは観察だと私は思っています。**中日ドラゴンズの監督だった落合博満（おちあいひろみつ）さんを描いた『嫌われた監督』（鈴木忠平（すずきただひら）、文藝春秋　２０２１）でのエピソードが印象に残っています。あるときショートの井端弘和（いばたひろかず）さんをセカンドに配置換えしました。その理由を「これまで取れるボールを取れなくなったから」と言ったそうです。落合監督は、毎日同じところに座って同じ角度で選手の動きを見ていたので、これまで追いついていた打球に追いつけなくなった井端さんの変化に気づいた。これは、観察の賜物です。

毎日見ているからこそ、わずかな状況の違いにすぐ気づくことができる。「え、そんなことないですよ」ということもあるだろうけど、「いや実はこうなんです」と言ってもらえることもある。

退職理由の上位は職場での人間関係に関すること。それが仕事にも、生活の質にも関わってくる。本音で話せるというのは、その人が「素の自分」を見せることができる、ということだと思います。いろんなことがあっても最終的には助け合うのでしょうし。

それと、蛯谷さんは特別なことは何もやっていないと言うけど、たぶんここに本質があって、**奇をてらったことなんかやらなくていい。**誰でもできる、でも面倒なことをしっかりとやるところにポイントがあるのかもしれないですね。

蛯谷　いまのチームでは、日本人は僕1人です。英語も決してネイティブのように流暢ではないですけれど、別に言葉の巧みさや戦略で説得しなくても、結局、承認という本質を徹底的に実行すれば信頼関係がつくれるし、期待に応じたパフォーマンスを発揮してくれます。これは、僕にとっても学びでした。

「あなたにとって」どう思うかを聞く

本間　１ｏｎ１でよく使う言葉について、たとえばどういうものがありますか？

蛯谷　英語になりますが、最初に聞くのは「What's on top of your mind?」です。直訳すると「最初に何を話したい？」ですが、意味的には「いま一番気になっていることは何？」といったニュアンスですね。

あと必ず「What is the real problem to you?（あなたにとっての本当の問題は何？）」と聞きます。「**to you**（**あなたにとって**）」を最後につけることで、当事者意識が生まれるわけです。社内の研修で、１ｏｎ１をする際に有効なテクニックとして、この２つは覚えておけと言われました。

会話が途切れたら、「**anything else?**（**ほかに何かある？**）」と聞くようにして、**相手が話したい内容がなくなるまで聞く**、ということをやっています。

本間　私も１ｏｎ１での第一声は「今日、何話す？」です。問いかけから始めるのは、やっぱり一番重要なことですね。

蛯谷　それと、「**あなたにとって**」というのがすごく大事だと感じます。「その問題って何で起きたと思う？」と聞くと一般論で終わってしまいます。それを「あなたにとってはどういう意味を持つの?」と問いを変えると、その人に内省を促すことができます。ただ、いきなりそこまで突っ込んで聞けないことも多いので、ひと通り対話をしたあとにもう1回「なぜあなたにとってそれは問題だと思うの?」と聞いたりします。

本間　「あなたにとって」と聞かれても、なかなか答えられない人もいるのではないですか?

蛯谷　すぐに答えてこない人ももちろんいます。だから、**待つ姿勢も大事**です。ときには沈黙が続くこともあります。でも、そこで口を挟んではダメなんです。僕は何度かそれで失敗しています。だから、相手が考えをまとめるまで待たなきゃいけない。

本間　沈黙に耐えるということですね?

蛯谷　最初は居心地が悪いんですけど、**「ちょっと我慢する」**を続けることを覚えました。

本間　それはたぶん、初めて考えることを聞かれたからですよね。たとえば「あなたの好きな食べ物は?」って聞かれたらパッと答えが出ると思うんです。それは答えを考えたことがあるからですよね。

上長って待ちきれないから、つい口を挟んでしまう。でも蛯谷さんはそれをずっと待ってあげて、最後には「実は評価されていないのが不満なんです」というところにたどり着く。

蛯谷　そうですね。承認して、安心して話せる関係をまずつくらないと、本音が出てこないのかもしれません。

本間　最初のうちはどうだったんですか？

蛯谷　「最近どう？」って聞いたら「何もありません」。あるいは「最近どう？　全部うまくいってるの？」「うまくいってます」みたいな。何か聞いたことに対する答えがわりとそのまま返ってきて、それ以上は広がらないっていうことが多かったんです。

本間　本音が出てくるようになるまでに、どのぐらいかかりましたか？

蛯谷　半年から1年ぐらいですかね。１on１自体は毎週やっていました。ただ、年に2回、年次評価があるんですけど、そのときの１on１は1時間ぐらいやるんですよ。そうすると、その人の考えもわりと深く聞けたりします。そうやって、だんだんと本音が出るようになる。でも、信頼関係を構築するまでにはやっぱり1年ぐらいかかったでしょうか。

あとは、同僚との関係についてはみんな口が重くなります。別にいじめられているとかじゃなくてもです。たとえば、うまくパフォーマンスが出ていない人を、どうしたらいいかという相談は、これまで直接言ってはこなかった。ですが、１on１を繰り返すうちに、そういう同僚同士の話もだんだん出てくるようになってきました。

「相談の幅」が広がってきたなと思います。

それはやっぱり、この人は直接口出ししない、という信頼関係ができたからだと思います。

部下は「信頼」で動いてくれる

本間　蛯谷さんの話のもう1つの視点は、1on1は部下のためにやってるんだけれども、実は上長にとっても大きなメリットがあるだろうということです。ちょっとした修羅場のときに、自分がいなくてもみんな動いてくれた。あたかも蛯谷さんが指示しているように動いてくれたという。

蛯谷　そうですね。

本間　いい1on1は誰のためのものかというと、原則としては部下のためだと思います。「1on1が終わったときに、部下側が満足していればいい」と言ってきました。でも、蛯谷さんのように1on1を上手に使っている人は、「1on1って部下のためだけど、自分にもプラスがある」ってわかっている。

蛯谷　日頃承認してあげることも含めて、1on1を実施することで部下からの信頼を得られます。そうすると、修羅場など力を合わせなければいけないタイミングでもそうですけど、僕が無理なお願いをしたときにも喜んで動いてくれる。信頼関係ができていないと、頼んでも誰も動いてくれないかもしれない。

本間　そう、ここがポイントですよね。

蛯谷　**部下や同僚との信頼関係ができていない人って、やっぱり上には行けない。**ていねいに信頼関係をつくっている人たちは、支持も集まるし、チームもうまくマネジメントできる。

外資系企業はもっとドライなのかなと思ったんですけど、実はあまり日本企業と変わらなくて、みんな信頼で動いています。むしろそれが大事だというぐらいみなさん当たり前にやっている。

マネジャーって経営層から降ってくる戦略をつくるとか、目の前に仕事がいっぱいあるじゃないですか。でも、僕はそれ以上に部下のことを常に観察するほうが大事な仕事だと考えるようになりました。

いくら戦略を立てても、実際に業務を担当する部下が動いてくれなければ、全体のパフォーマンスは上がらないんです。信頼関係ができていないと、誰も実行してくれない。

本間　**その人の努力を見ているよ、ということ**ですよね。見ているからこそ、「やってくれてありがとう、頑張ったね」とthank youが言える。

蛯谷　とにかく、その人が「見られている」と常に思ってくれたら、それだけでハリが出て、自分たちで動こうとする。

じっと耐えて、答えを引き出す

本間　もう1つの視点として気になるのは、やっぱり**「答えを出さない」**ということころです。

蛯谷　これは本当に難しいです。1on1は1回30分しかないので、そのなかで結果を出さなきゃいけないって思っていたんですよ。そうすると、時間もないから「これやったら？」って言ってしまっていた。

でも、急ぎではないことについては、こちらからは答えを出さないようにしています。**「じゃあもうちょっと考えてみて」などと言って、生煮えで終わらせることもある。**

本間　宿題的な感じで？

蛯谷　そうです。やっぱりいまでも無意識に「それ、こういうふうにしたほうがいいんじゃない？」なんて言いそうになります。1on1では、そこは意識して答えを出さないようにしています。

本間　パッと聞かれると、答えたくなってしまうというのは上長の性でもありますね。上長と部下の関係になったときには、聞かれたときに答えられなければ自分の職位が危なくなるのではないかという考え方も根強いものです。さらには、部下思いであればあるほど、どんどん答えを与えてしまったりする。

蛯谷　部下を助けようとしてしまうんですよ。すると、やっぱり最後に答えを出してあげちゃう、というのはありますかね。

本間　逆に、「蛯谷さんはどう思いますか?」って部下側から聞かれたらどうしますか?

蛯谷　最初は答えていたんですけど、**僕が答えを言う前に「どう思う?」ってもう1回質問を返す**ように変えました。

本間　なるほど。

蛯谷　ちょっとしたテクニックなんですけどね。でも、ずっと答えを示さずにいると、今度は部下のほうがだんだんイライラしてきて。少し前までは、その時点で答えを教えてたんです。でもいまは、それでも待つようにしています。**とにかく「答えをくれ」というプレッシャーや雰囲気に負けないようにしています。**

本間　「蛯谷さんはどう思いますか?」って聞かれて、「やっぱりわからないから、あなた(部下)はどう思うのか考えてみて」って返す。

蛯谷　そう、僕が答えを出す前に「もう1回考えといて」という感じで。意地悪くとらえられかねないけど、そういうのも含めて耐えることを覚えました。

本間　僕はそういうときには聞き返す。たとえば蛯谷さんが「本間さん、どうすればいいですか？」って聞いてきたら、**「蛯谷さんは俺の意見が聞きたいの？」**って返します。そうすると「いや、そうでもないんですけど」とか。

それでも聞かれたら**「僕なりの意見は浮かぶけど、あなたの状況を100%見ているわけではないからちょっと怖くて言えない」**というやりとりを3〜4回やって。それでもって言われたら「うーん、こうかな」くらいの言い方で応えます。

蛯谷　いいですね。

同僚同士の「ヨコ」のつながりをつくる

本間　1on 1をやると上長と部下の関係は強くなりますよね。ところが部下同士の関係は強くなっていかないという一面もあります。すると何が起こるかというと、**要（かなめ）となっていた上長が抜けた瞬間、職場の人間関係がリセットされる。**蛯谷さんの職場では、みんなで集まって同僚同士の結び付きを強める場もつくっていると聞きました。

蛯谷　はい、定期的に全員で顔を合わせてランチをしています。1on 1によって上司である僕とのつながりは強くなってきているのですけど、同僚同士のヨコのつながりも重要だと思ったんです。

コロナ禍では、オンラインでみんな集まりましたけど、いまはもう出社しているので、食事に行ったり、小さいイベントをしたりして、同僚同士のヨコのコミュニケーションもとれるようにしています。

人種の問題もあるんです。別に喧嘩とかはありませんが、民族間のちょっとした違い、価値観の違いみたいなものが引っ掛かったり。職場とは関係ない部分でのモヤモヤがけっこうあったりして、仕事をしていてもそれとなく感じるんですよ。だからチームでもみんな仲よくはしているけど、何かこじれるとそういう問題に引っ張られたりすることはたまにある。

なので、**1on1でいつも聞くようにしているのが、「ほかの人たちとの関係はどう?」ということ**です。

本間　タテの関係が強くなるから「あなたの周りで、自分が気になってる人はいる?」とか「人間関係とかどう?」っていうのをパッと振るのは、有効な問いだと思います。

蛯谷　そうですね。それで同僚間の問題を発見したりとか、誰と誰の仲がいいかもだいたいわかるようになります。そうすると、ネガティブな情報がもたらされたときに、それが悪意のあるものなのか、建設的なものなのかもちゃんと確認できるというか、**お互いの言い分を聞ける**ようになったりします。

昔はそれで失敗したりもしました。片方の言い分だけ聞いて一方的にフィードバックしたら、もう一方がすごく怒って。「それは事実と違う」みたいな話になったり。だから1on1で信頼関係をつくったうえで、両方からインプットするようにしました。

とにかく「修羅場」に強くなる

本間　最後になりますが、1on1の一番の効果って何だと思いますか?

蛯谷　**明らかにパフォーマンスが上がりました。何より、修羅場に強くなります。** 外資系企業の場合は、突然人員整理が起きたりするのですが、そのときは本当に会社全体のモラルやモチベーションが下がります。うちのチームも士気は下がりましたが、そのリカバリーは比較的早かったと思います。なぜかというと、みんなお互いのことをケアし合ったりもするし、信頼関係もできているからなんです。

それと、危機下にあっても、チーム全体が僕のメッセージを信じてくれます。だから、**変化に対するチームの適応力が上がった**印象はありますよね。

本間　ウェットな人間関係の構築は、アジアだから成功したんでしょうか?

蛯谷　そこは正直、僕もわかりません。だけどアメリカだったら組織の導き方は違うかもしれないと思うことはあります。やっぱりアジアに共通する価値観に依拠しているという感じはあります。

ただ、**「承認」はモチベーションの原動力だし、認められることでみんな頑張る**というのは、世界中どこでも変わらないのではないかという気はしますね。

第2章
まとめ

- 1on1は、あえて目的を特定しないことでその可能性を広げることができる
- 「1on1の効果」は大きく2つある。それは、①経験学習の促進、②上長による部下の成長支援（才能と情熱を解き放つ）だ
- 上長の仕事とは、部下の成長を促すための「経験資源」を獲得し、適切に配分することだ
- 1on1を始めるときの3ステップは①対話の「機会をつくる」、②まずは徹底的に「傾聴」し、「次の行動を決める」、③部下の変化を「観察」し、「フィードバック」すること

第3章

4つのモードと働きかけ

1on1は「対話」を基本としますが、
ときには「議論」になってもいい。
ここでは1on1の「4つのモード」を示し、
さらに上長から部下への「働きかけ」を詳述します。

3-1 1on1の「4つのモード」

ここまで1on1の効果と進め方について見てきました。

大切なポイントは、信頼関係の醸成を基盤として、対話によってメンバーの成長を促すことです。1on1の基本は「部下のための時間」です。このため上長はその場で部下が話したいことに応じて、対話のあり方を選び、あるいは変えていく。前章で述べたことを繰り返しますが、**上長と部下との協働作業によって即興劇のように展開していくのが理想**です。

では、対話のあり方にはどんなバリエーションがあるのでしょうか。私がみなさんに説明しているのが1on1の「4つのモード」です。

4つのモードとは、次のようなものです。

モード1　コミュニケーションをとる
モード2　フレームワークを使って対話する
モード3　コーチングやカウンセリングの専門スキルを使う

モード4　知的コンバットを行う

以下に詳しく解説します。

モード1　コミュニケーションをとる

初めの一歩は、上長と部下が対話によって相互理解を深め、「信頼関係」を築くことです。高い頻度でコミュニケーションをとることによって信頼関係が構築できますし、伝えるべきことを伝えることができます。

人は、誰かに話を聞いてもらえるだけで元気になります。その意味では、変に難しいことを考えず、シンプルにこれだけでも意義があるはずです。

仕事が人と人との間で始まって、進行し、成果を生み出していくものである以上、コミュニケーションを避けて通ることはできません。仕事における失敗事例では、「コミュニケーションがよくなかった」という要因が語られがちですし、成功事例では「コミュニケーションがとれていたから」ということが多いはずです。

さらに、上長と部下との1on1によって、聞くこと、話すことに習熟していけば、それは対顧客、対取引先についても使えるコミュニケーション・スキルになっていきます。

その点においても、第2章で繰り返し述べたように**コミュニケーションの頻度を高めることが効果的**です。そして、それを業務時間内にできるのが1on1のいいところです。

信頼関係を築くことを主眼とするなら、内容は雑談でもいいかもしれません。第2章の冒頭に書いたことと矛盾するようですが、**難しく考えず、何か話題を見つけて話をすること。**これだけでもファースト・ステップとしては意味があります。

ここでは、対話をより実りあるものにするための基本技術を2つ挙げておきたいと思います。「アクティブリスニング」と「承認」ですが、いずれも部下の発言にどう対応するか、いわば応答技法と呼ぶべきものです。

アクティブリスニング――うなずく、相槌を打つ、相手が発したワードを繰り返す

第2章でも触れましたが、アクティブリスニングは、一般的には「傾聴」と訳されることが多い単語です。傾聴と言えば、多くの管理職の方がご存じでしょう。

しかし、ヤフーでは「傾聴」と日本語では言わず、あえて「アクティブリスニング」と言うことがあります。

傾聴の「傾」という漢字は、「真剣に黙って聞く」というイメージが強く、アクティブに聞くというイメージとは異なるためです。

たとえば、積極的に話をすることを社会文化とするアメリカ人と、空気を読むことを重んじ、他人の話を聞くことに長けた日本人では、アクティブリスニングの伝わり方も変わってくるのではないかと考えました。

そのため、あえてアクティブリスニングと英語（カタカナ）で表記し、ただ黙って相手の話を聞くのではなく、うなずいたり、相槌を打ったり、相手が発したキーワードを繰り返したりして**「アクティブに聞く」**ことを強調しています。

ヤフーでは、自分の考えを整理したいときに定例の1on1以外に機会を設けて、アクティブリスニングが上手な社員に「壁打ちに付き合って」と頼むことがありました。

壁打ちの例をスクリプトのかたちで示します。

部下：最近、忙しくて考える時間がないんです。

上長：Aさんは、考える時間をとりたいと思っているんですね。

部下：はい。でも時間がとれないんです。

上長：なるほど、忙しすぎて、考える時間がとれない。

部下：はい。でも、考える時間がないのは忙しいからだけではないかもしれません。

このケースでは、上長は部下の言葉をオウム返しにするだけで、意見を述べることはありません。しかし、部下は話をしながら、自分で考えを整理しています。

聞き手（上長）はオウム返しをしているだけだと実感するのに対し、意外にも話し手（部下）は、聞き手がオウム返しをしているとは感じません。むしろ、「じっくり話を聞いてくれた」「考えが整理できた」という感想を持つことがほとんどです。

実際の1on1では、うなずきなどの「非言語のコミュニケーション」が加わり、より自然なコミュニケーションになります。**自然である、つまり誘導的ではないため、部下は自ずと自分で考えることに集中できるのです。**

承認——「無条件の肯定的な配慮」が部下の学びを深める

「承認」は、「相手が存在することを認める」という意味です。

なかでも1on1での承認とは、「目の前にいる部下の存在を認め、部下のありのままを受け止める。そしてそれを相手がわかるように伝えること」です。

1on1は上長と部下との間で行われます。そのため、ときには部下の単なるわがままなのではないかと感じてしまうような言葉が出てくることもあり得ます。

しかし、上長がどう感じようともそれは上長の感じ方であって、部下の感情ではありません。

1on1は部下のために行うものであり、上長は部下の成長を支援することがその役割です。**そのため、上長は部下の言動を信じて、部下の気持ちに寄り添う必要があるのです。**

たとえば、部下が自分の業務量が多いと不満を持っていたとします。しかし、上長としてはもっと仕事をやってもらいたいとしましょう。

このとき、上長は自分の感情を横に置いて、部下の「業務量が多い」という感情を認める必要があります。なぜなら、上長がどのように感じようと、部下が「業務量が多い」と感じているのは事実だからです。

対話の例を挙げます。

部下：仕事が多くて、もういやになっちゃうんです。

上長：忙しそうだね。いつもありがとう。
部下：何で僕だけこんなに忙しいんですかね？
上長：そうだね。僕がAさんに頼りすぎなのかもしれないね。
部下：（沈黙）いやいや愚痴でした。すみません。

仮に上長が、部下の気持ちを理解せずに、「Aさんの給料を考えると、もっと仕事をしてほしいんだけど」とか「俺が若い頃はもっと仕事をしたものだ」などと、自分の感情を押しつけるようなことを言ったらどうでしょうか。部下は「自分の気持ちを理解してくれないんだな」と思い、心を閉ざしてしまいます。これでは、部下の学びが深まるはずはありません。

カウンセリングでは、**「無条件の肯定的な配慮」**といって、クライアント（1on1では部下）の考えや感情のすべてを受け入れていくことが大切であるとされています。1on1においても、同じことが言えるのです。

ただ、ここで述べる共感や肯定的な配慮は、賛成や同意とは異なる点にも注意が必要です。

前述の例においても「業務量が多い」という部下の感情に対して、上長は共感し、部下の感情を無条件に受け入れてはいます。しかし、同意しているわけではありません。

承認は1on1を円滑に進めていくための態度であり、信頼関係を構築するための手段であることを

強く意識してください。

たとえば、「業務量が多い」と訴える部下に、「業務量が多いのはあなただけではない」「あなたの仕事の進め方に問題がある」と指摘してもコミュニケーションは平行線をたどるだけです。

まずは、きちんと承認すること。そして、部下がそれを実感できるようなコミュニケーションが大切です。

モード2　フレームワークを使って対話する

モード1が雑談も含めたカジュアルな対話であるのに対し、モード2はフレームワークを意識しながら対話をすることです。フレームワークにはいろいろな種類がありますが、代表的なものは2つです。

1つ目は第2章で詳しく紹介した「**経験学習サイクル**」です。メンバーの成長にフォーカスするなら、もっともわかりやすく効果的なのではないかと思います。

2つ目は、「自分の理想を100点だとすると、いま何点?」「それを10点上げるためにはどうする?」と投げかけ、**部下の言語化を促す問いかけ**の仕方です。

ここまでが一般的な1on1でよく使うモードです。コミュニケーションの頻度を高めて、対話の習慣ができれば、自ずと信頼関係はできていきます。

そのうえで、成長を意識した問いかけをして、さらに仕事の結果や過程についてフィードバックすることが自然になれば、驚くほど職場の雰囲気はよくなります。何よりも、個々のメンバーが成長を実感しやすくなります。

モード3　コーチングやカウンセリングの専門スキルを使う

コーチングやカウンセリングの専門スキルを駆使して、部下の課題解決を支援する、というのがモード3です。

プロのスキルを要することになりますから、かなり応用的な内容となります。

コーチングやカウンセリングは、とても有用です。もし機会があれば、このような知識とスキルを学んで、上長と部下の関係をよくすることに使っていただければと思います。

ただ、私自身も経験してきましたが、これらを学んで、資格を取るのはかなり大変です。ここでは、その概要だけお伝えします。

コーチング――部下が自力で答えを見つけるためのサポート

コーチング（coaching）にはさまざまな定義があります。

ヤフーでは「**コーチングとは、部下が経験から学び、次の行動を促すための質問を主としたコミュニケーション手法**」としています。

部下のなかでまだ得られていない解を部下自身が得るため、上長はその支援となる質問をしていきます。

1on1のなかで、「成功した要因は？」「成功したときとの違いは？」「根源的な問題は？」など、上長から部下に対してあらゆる質問が投げかけられます。尋ねられた部下は、問いへの答えを探し、それを言葉にして上長に伝えます。

対話の例を挙げます。

部下：イライラしていてBさんに怒ってしまいました。
上長：どうして怒ってしまったの？
部下：何度も注意したのに、言う通りにやらないから。

上長：Bさんは A さんが言ったことを忘れていたの？
部下：そんなことはないはずです。前日にも確認したので。
上長：そうか、ではどうして、Bさんは A さんが言う通りにやらなかったんだろう？

この例では、Bさんを怒ってしまったという事実について、上長が短い質問を繰り返しています。部下は質問に答えながら、思考が言語化されることによって対象となった出来事を振り返ることができます。

この過程で部下の頭のなかに、新たな発想や気づきが浮かんでくるかもしれません。部下の学びは、これで半歩、前進したことになります。

さらに部下の学びを定着させる質問としては「**この出来事から、あなたは何を学ぶ？**」と、あえて聞き直すことも効果的です。

上長が投げかけた質問に部下がすぐに答えられないときは、「**部下が脳みそに汗をかいて考えている**」大切な時間です。

そういうときには、答え＝言語化を急かしてはいけません。コーチングやカウンセリングでは「**沈黙を大切にする**」という言い方をしますが、基本的には同じことです。

ヤフーの１ｏｎ１では、上長が部下に代わって「これが問題だ」「それはこうやって解決すべきだ」などと明確な答えを示さないことがほとんどです。明確な答えを示すことが部下の成長の機会を奪い、部下が自ら考えて、行動を改善し、次の行動へ結び付けることを阻害することになるからです。

上長としては、「以前よく似た事例に対処したことがある」とか、「なぜその程度の問題で悩んでいるのか理解できない」などの理由から、早急に答えを示したくなる誘惑にかられるかもしれません。しかしそれでは、部下が自ら考える能力を育むことができなくなってしまいます。

上長が「問い」だけでなく「答え」も出し続ければ、部下が考えなくなり、指示待ちになるのは当たり前です。

コーチングで上長が行うことは、部下に答えを示すことではなく、部下が自力で答えを見つけるためのサポートです。

何より、人は誰かから指示されたことよりも自分で思いついたことのほうがやる気が出ます。**コーチングによって上長が指示したいことを部下が自分で思いついたように引き出すことができれば、上長にとっても部下にとっても有益であるはずです。**

問題点が明らかになったら、次は「ではどうする？」「どうやって進める？」「いつやる？」などと、質問を具体的な行動に関することに移行させます。

どんな企業も厳しい環境においてサバイバルしていかなければなりません。そのためには、社員の「行動の質」を向上させる必要があります。１ｏｎ１は、部下の「行動の質」を向上させ成果を上げることを期待して行うものであり、そのために「部下の行動」→「１ｏｎ１での振り返り」→「行動の改善」というサイクルを繰り返していきます。

したがって、「次の行動」に関する質問はとても大切です。

ティーチング――コーチングとの違いを意識して、使い分ける

ティーチング（teaching）とは文字通り、**知識や技術を知っている人から知らない人に教える行為**を指します。私たちが１ｏｎ１に関連させてティーチングと言うときは、コーチングとの比較をイメージしながら使っています。たとえば「ここはコーチングではなくティーチングが望ましい」というように。

両者の違いは、１ｏｎ１の効果と照らせば明らかになります。

前述の通り、私たちの最終ゴールは「経験学習を促進する」であり「上長による社員の成長支援」です。

部下は経験学習により学びを深めていくわけですが、その段階に応じて上長は「コーチング」と「ティーチング」のどちらが有効であるかを選択します。

たとえば社内ルールのように、上長が答えを持っていて、かつ部下にとっては単に知っていればよい

ことについては、ティーチングのほうが適切であるということになります。
たとえば、次のような例です。

部下：会社貸与のＰＣがウイルスに感染してしまったようです。
上長：すぐに、ネットワークを切断して、ヘルプデスクに報告してください。

部下：稟議の手続きがよくわからないのですが。
上長：財務部のＢさんに相談してみてください。

やや極端な例ではありますが、１ｏｎ１ではこのような会話になることもあります。
ヤフーの社内でも、ティーチングとコーチングのどちらが有効な働きかけであるかについて、議論があります。
もちろん、ケースバイケースではあるのですが、どちらが正解であるかよりも使い分けを意識するような習慣を根づかせることが大切だと思います。

モード4　知的コンバットを行う

「知的コンバット」とは経営学者の野中郁次郎先生の造語で、自分と意見が違う人とでも、徹底的に議論し合うことです。

１on１について、本書ではどちらかというと穏健なやりとりを中心に説明してきました。AかBかどちらかに決める、という「議論モード」ではなく、AとBのいいとこ取りをしようというのが「対話モード」です。１on１はもっぱら対話モードであることを特徴とします。

ですが、ときには踏み込んだ話し合いになってもいいというのが、モード4です。

モード4の可能性に気づいたのは、ヤフーで私の相棒だった吉澤幸太さんと私がやっている、慶應丸の内シティキャンパスでの１on１講座がきっかけです。日頃から上長と１on１を行っている受講者のIさんが、手を挙げてこう言いました。

「私の上長はこういうふうに１on１を教えられているんだということがよくわかりました。だけど、これでは私は満足できません」

ちょっとびっくりしたのですが、「どういうこと？」と聞くと、こう答えてくれました。

「私の上長はいつもニコニコして私の話を何でも聞いてくれます。だけど、私は議論をしたいんです。徹底的に議論したいし、どこができていないかのフィードバックも欲しい」

なるほど、と思いました。彼女の上長は前年にこの1on1講座に参加しており、とても優秀な人でした。だから「絶対に部下の言うことは否定してはいけない」「今日は何を話す？　で始める」「全部受容する」「傾聴する」という基本に忠実に、1on1を実施していた。

Iさんは、講座を受けることによって、なぜ上長がこのように対応しているのかが手品の種明かしのように理解できたのだと思います。

それらは入門編として間違っていませんし、そこから始めてほしい。ただ、それでは物足りないことがあるというのが、私の気づきでした。

どうしても話したいし意見を聞きたい、議論になるだろう、というイシューがあれば、知的コンバットというモードで1on1を行う。

「今日は議論しましょう」とか「今日は知的コンバットをしましょう」と部下側が決めて、それを認識したうえで徹底的に話し合う。議論する。そうすることにより、部下のさらなる成長が期待できます。場面によってはイノベーションにつながりうる話し合いになるでしょう。

課題と人柄を混同してしまいがちなのが日本人の悪いクセですが、人格否定がしたいわけではありません。そうではなく、「今日は議論のためにあえて逆の意見を言ってみよう」とか、「あなたの言っているそこが理解できないんだよね。どうなの？」とか。あるいは「ごめん、もう一度説明してみて？」というようなことを言える関係を構築するのが理想です。

通常であれば、上長、部下の間では、このような議論はできないものです。なぜなら、上長は部下の評価者だからです。

だからこそ1on1における知的コンバットモードは、原則、部下側からの申し出があってから実施してください。上長の気分や意図で、実施することは望ましくありません。知的コンバットモードは、そのくらい諸刃の剣になりうるのです。

発話して、発話して、発話する

私たちは職場において、必ずしも議論に慣れているわけではありませんし、勝ち負けはつけたくないものです。相手を傷つけたくないという気持ちも働きます。議論していると喧嘩になりがち、ということもあります。

でも、優しい姿勢だけを示して、本当にそれだけで人が成長していくのだろうか、と思うところもあります。

イチローが北海道の高校で野球のコーチをしたときに、生徒に伝えたことが印象に残っています。

「（部員同士）仲良しだから、『ホントはこれ言いたいけどやめとこうかな』ってあるでしょ。でも信頼関係が築けてたらできるでしょ、『お前それ違うだろ』って。言わなきゃいけないことは、1年から2年に言ったっていいよ。『先輩これは違うんじゃないか』。そういう関係が築けたら、チームや組織は絶対強くなれますよ。それを遠慮してみんなとうまく仲良くやるでは、いずれ壁が来ると思う」（TBS NEWS DIG）

仮に私が言ったとしたらSNSで炎上するかもしれませんが、イチローの言葉だから説得力がありますし、好意的にシェアされていました。

経営者や管理職層の多くも似たような思いを抱いているのではないでしょうか。

厳しくしさえすればいいというものではありません。ただ、相手の成長を真剣に考えて、正当に厳しく接することまで否定するのは行きすぎではないかと思います。

そのときに、1on1の場で知的コンバットをするというモードがあればいいのではないか、と私は考えています。

その前提になるのは、イチローのコメントにもある「**信頼関係が築けてたら**」ということです。

念のために付け加えると、１ｏｎ１の４つのモードは、決してモード1が初心者向けでモード４が上級者向け、すなわち高度な技術ということではありません。１から3を経ないと４にたどり着かない、ということもないと思います。

そのときどきの必要に応じて、「今日はコミュニケーションモードでやろう」「成長のチャンスだから、フレームワークを使うモード2を試してみよう」など、同じ相手に対して使い分けることも可能です。

頭のなかでモヤモヤしていることを言葉にして外に出さずに閉じ込めておくことが、私たちの思考を遅らせているかもしれない。

だから、１ｏｎ１によってひたすら言語化することが必要なのだと思います。

発話して、発話して、発話して、それによって頭のなかが整理できるし、前に進むことができる。それこそが１ｏｎ１の、もっとも大事な役割なのかもしれませんし、それはどのモードにも共通するねらいです。

3-2 上長による働きかけ

1on1での対話そのものが気づきを生むこともありますが、上長が部下に能動的に働きかけることによって、さらにプラスが生まれます。能動的といってもイメージがしにくいかもしれません。具体的には、上長が意図的に発する、**「呼び水となるような一言」**のことです。

ここでは働きかけの技法について説明しましょう。具体的には**「フィードバック」「学びの確認」「次の行動の宣言」**の3つです。

1on1における「フィードバック」には、部下の成長に資することを狙いとして、アドバイスだけではないバリエーションがあります。本書ではこれまでもフィードバックという言葉を使ってきましたが、ここで詳しく説明することにします。

「学びの確認」とは、経験学習を促進するための、もっとも直接的な働きかけです。これがあることによって、部下の学びは深まっていきます。

「次の行動の宣言」は、1on1の最後のステップと言ってもいいかもしれません。「この学びを次にどこで活かす？」という質問を通して、部下の「行動宣言」を引き出します。

フィードバック

多くの方にとってなじみのあるフィードバックの場といえば、目標管理制度（ＭＢＯ）でしょう。部下の申告をもとに上長が評価を行い、その結果が上長から部下に説明される機会のことです。評価期間中の結果（アウトプット）について、上長が行った評価を、本人に説明することをフィードバックと呼ぶ会社も多いと思います。

一方ヤフーでは、ＭＢＯのフィードバックとは異なる場面でフィードバックという概念が使われています。

その１つは、上長が期待する仕事の水準と、部下がもたらした成果との差を示すもの。もう１つは、周囲にとって、対象者（部下）がどのように見えているかを返すものです。

本項では、それぞれについて説明を加えます。

１つ目の「上長が期待する仕事の水準と、部下がもたらした成果との差を示す」ことについては、短期間、または１つのタスクの評価と言っても差し支えありません。

たとえば、部下が担当したプレゼンテーションについて考えてみましょう。

上長：この前のプレゼンは100点満点で何点でしたか？

部下：80点くらいです。

上長：どうしてそうなの？

部下：お客様がよろこんでくれたからです。

上長：うん、それはよかったね。だけど、Aさんのいまの実力を考えたら、準備に時間をかけすぎかもしれない。半分くらいの時間でやってほしかった。だから、僕から見ると60点くらいだと思います。

ここで大事なのは、点数ではありません。

上長と部下の認識の差がなぜ生じているかを明らかにして、すり合わせることです。

タスクベースのフィードバックが行われて、お互いの評価のものさしをすり合わせることができれば、人事評価の納得性は保たれ、ミスコミュニケーションも減少できるはずです。

1on1におけるフィードバックはMBOでのフィードバックと比べると、期間が異なります。MBOの場合は、3ヶ月、または半年間など一定期間の総合的な評価となります。

１ｏｎ１の場合は、１回のプレゼンテーションや資料づくりなど、期間は短くタスクも限定的になります。

そのため部下は、具体的なフィードバックを受けることが可能になり、改善ポイントも明確になります。

上長による「あなたのレベルならこのくらいまではやってほしい」という期待水準と、部下による「これくらいできれば合格点だな」という目標水準をすり合わせることができます。フィードバックの前提には、期待とその水準があります。

先ほどのスクリプトで、上長は「半分くらいの時間でやってほしかった」と言っています。これは、部下に対する期待であり、半分の時間というのはその水準です。

部下の立場では、会社や上長からどのような期待をされているのか、その水準が具体的にどのようなものなのかはわからないことが多い。目標を達成できないと、評価面談の場で理由を問われるが、達成していれば何も言われない。それではフィードバックの効果も半減してしまいます。

上長のフィードバックとは、「上長の期待」と「部下の目標」がセットであることは忘れないでください。

ヤフーの人事に多大な影響をもたらした立教大学の中原淳（なかはらじゅん）教授は、著書『フィードバック入門』（ＰＨＰ研究所　２０１７）において、フィードバックとは、「耳の痛いことを部下にしっかりと伝え、彼らの成長を立て直すこと」と端的に説明されています。

ヤフーでのフィードバックというと、その定義に加えて「相手が気づかないことを伝える」ことがイメージされます。

次にフィードバックのもう1つの側面について説明します。

みなさんは、『ライ・トゥ・ミー』（原題 Lie to Me）というアメリカのテレビドラマをご存じでしょうか？精神行動分析学者の主人公が、表情や仕草から嘘を見破り、トラブルを解決していくという話です。

ヤフーの1on1では、部下の気づきを引き出すために、**部下の表情や仕草を上長が鏡のように返す**ことがあります。これが、フィードバックのもう1つの側面です。

たとえば、営業での苦労話など、話の内容はつらく、苦しいものであるにもかかわらず、楽しそうに話す人がいます。あるいは、特定の仕事の話をすると胸の前で腕を組んだり、特定の人の話をすると顔色が曇ったりする人がいます。

上長から見ると、部下の表情や口調の変化は明らかであるのに、本人から見ると、それには気づいていないことは案外多いものです。

これらを鏡のように本人に返す（フィードバックする）ことによって、本人の思わぬ気づきを引き出すことができることもあります。

「あなたは、彼の話をすると必ず手を組むけど、苦手意識があるのかしら？」とか、「あなたは、修羅場になるといきいきとするね」というフィードバックが、部下が気づきを得るきっかけになることもあります。

非言語コミュニケーションを部下にフィードバックするという方法は、普段の仕事中も対象になります。

たとえば、「月曜日の朝はいつも機嫌が悪そうに見える」や「仕事量が多くなると、口調が速くなる」というフィードバックから、部下が自分の信念や考え方のクセを発見することができるかもしれません。

学びの確認

1on1の効果である「経験学習を促進する」ためのもっとも直接的な質問が「**（今回の出来事から）何を学んだの？**」です。これまで説明してきたコーチング、ティーチング、フィードバックと、この質問を併用することによって、学びの深化を効果的に行うことができます。

対話の例を示します。

上長：今回の失敗からの学びって何だろう？

部下：何事も準備が大切だということだと思います。

上長：今日の１ｏｎ１を通じてAさんが得た教訓はある？

部下：はい、コミュニケーションは時間より頻度だということです。

１ｏｎ１の後半に「（今回の出来事から）何を学んだの？」と聞くと、その答えが上長の想像を超えたものになることがあります。

たとえば、プレゼンテーションの資料作成がうまくいっていない部下が、１ｏｎ１ではプレゼン資料のつくり方について話をしていたのに、「（今回の出来事から）何を学んだの？」という質問に対して、「資料をつくる前に作業の時間配分を考えるべきと思いました」と回答するような例があります。

上長にしてみると、資料のつくり方について話をしていたのに、なぜ時間配分が学びなのだと思うかもしれません。しかし、部下は上長と対話しながら違うことを考えていたと解釈できます。

１ｏｎ１での応答の〝何か〟をきっかけにして、頭のなかで考えが深まり、上長の質問に答えながら、しかし異なる頭の回路でその考えがぐるぐるとまわり、学びを得られることがあります。

ここで上長は「質問に答えないとは何事だ」などと腹を立ててはいけません。上長は部下に学び自体を提供することはできません。**思考のきっかけを提供することこそが、上長に求められる働きかけ**です。

次の行動の宣言

上長と部下の信頼関係が構築され、部下の学びが深まったら、最後のステップは次にとる「行動の宣言」です。

学びの確認と同じくらい重要な質問に「この学びを次にどこで活かす?」があります。

経験学習のPDCAの最後のA（アクション）を決めるプロセスです。

1on1は上長と部下との間で行うため、行動の宣言は上長と部下との約束になります。

第2章で述べたように、外部コーチとの1on1では、上長と部下のような強いコミットメントを得ることは難しいのではないかと思います。

一方で、上長は部下の行動計画に働きかけることができます。

たとえば、1on1のテーマが「プレゼンテーション」であれば、上長が次の機会をつくることができます。また、設定したプレゼンテーションを上長が実際に見て、そのあとにまたフィードバックを行うことも可能です。

ちなみに私は、部下との1on1において約束した行動計画が守られなくても、そのことを非難しません。その代わりに、「なぜ行動計画の通りにできなかったんだろう?」と聞きます。

部下の気持ちになってみれば、上長と交わしたコミットメントを守れないとしたら、それなりの理由があるはずです。

それよりも私が恐れるのは、**部下が容易に到達できるコミットメントを宣言すること**です。そしてその結果、部下の成長が不十分なものになることは避けなければいけません。

社会人は怒られたり、脅かされても、多くは学べません。

むしろ、成長のために、自分からストレッチした、つまり少し背伸びした目標を設定して、挑戦していく。それが人材開発のあるべき姿であると思っています。

3-3

1on1を導入する

1on1を組織全体に浸透させるために

ここまで紹介してきた1on1の実践手法は、主に上長側の応答技法について解説するものでした。この技術を磨くことで、上長は部下の成長を支援することができます。

しかし、企業の人材育成は、個人の努力に依存するべきものではありません。むしろ、制度を構築し、全社のルールとして機能させるほうが効率的です。それに、「人を育てる」ということを組織のDNAとして伝承しやすくもなります。

ただし、組織として1on1を全社に根づかせるのは容易ではありません。

実際、他社の方から、「1on1を導入したいのだが、どのように導入したらよいか」というご質問をいただくことがあります。1on1の概要はわかったが、社内で導入するには抵抗があるという感覚を持つ方も少なくありません。

そこで本項では、1on1を組織全体に浸透させるためにヤフーが実践してきた「仕組み」について説明したいと思います。

WHYを社員に伝える

「1on1のよさはわかる。だけど、面倒くさそう」

これが1on1を知った多くの方の感想なのではないでしょうか。組織においてコミュニケーションが重要であることはよくわかっている。だけど、成果（ノルマ）へのプレッシャーは強いし、上長と部下の時間を合わせるのも骨が折れる。だから、いますぐ導入する気持ちになれない。

ヤフーの場合も同じでした。

幸い、ヤフーが1on1を導入したのは経営体制が変わった時期で、会社が変わろうとしていたタイミングでした。そのため、私たち人事部門は、会社がどう変わっていくのか、また新しく行う1on1をなぜやるのかについて説明する機会を得ることができたのです。

ヤフーには「**WHY**」をていねいに説明しようとする文化があります。

特に人事は「WHY」を語らず「HOW」を説明しようとしがちなので、イントラネットやその他の方法で、機会を見てメッセージを発信しました。具体的には、「なぜ１ｏｎ１をするのか？」「１ｏｎ１をすることによってどう変わりたいのか？」というような、人事サイドの思いと要望を伝えていったのです。

ほとんどの人は「追加の仕事」である１ｏｎ１にポジティブであるはずがありません。たとえ表面上は協力的でも、実際にやってもらえるかどうかは別です。通常業務だけで十分に忙しいのに、新しい制度を導入することは骨が折れる作業です。

この段階で私たちが留意したことは、**ほかの人事制度との補完関係を説明すること、人事が伝えたいことを伝えるのでなく、社員の疑問に答えること**の２つでした。

具体的には、１ｏｎ１が人事評価にどう結び付くのか、また管理職の職務定義と１ｏｎ１をどのように関連させるのか、仮に個人の業務成果が優れた人が１ｏｎ１をしない場合はどうなるかなど、現場目線でていねいに説明していきました。

また、説明の場ではできるだけＱ＆Ａを多くしたり、質問に個別に答える時間を増やすなどして、個別の疑問にも答えるようにしました。

一般的に人事は、説明する人やその対象によって異なる説明をすることを嫌います。

そのため、同じ資料を用いて、同じ内容の説明を、大人数に対して数回実施するという方法をとりがちです。

それ自体は正しいことです。でも、新しい試みを導入しようとするときには、たとえ伝える情報にばらつきが生じたとしても、社員の疑問を解消することを優先すべきだと思います。

この時点でも、1on1の導入に前向きな人と、後ろ向きな人、懐疑的な人が混在していました。1on1に後ろ向きな人は、その理由を言ってくれるので対策も打ちやすいのですが、懐疑的な人への対応には苦労しました。

人事がどれだけ説明しても、1on1を導入する理由がわからない、1on1を行うのは気持ち悪い、などと陰で言われていました。

人事のなかにも、言葉に出さないものの、1on1に疑問を持つ人がいたと思います。

一方で、コミュニケーションの重要性を理解する人も、少なからずいました。

たいていの場合1on1に好意的な人の声は、人事には届きにくいものです。こうなると、あとはやり続ける覚悟の問題です。覚悟を持つうえで、当時の社長（CEO）であった宮坂学や、副社長（COO）だった川邊（かわべ）健太郎（けんたろう）の理解は大きかったと思います。

経営層を巻き込む

１ｏｎ１導入時における私たちの狙いは、**「下手でもよいからできるだけ多くの人に１ｏｎ１を経験してもらう」**ということでした。

１ｏｎ１のよさはやってみないとわからないので、一度でいいから経験してもらう。１ｏｎ１に反対したり、懐疑的だったりする人は、１ｏｎ１を知らないで反対している。だから、まずは１ｏｎ１を経験して、効果を実感してもらうことを目指しました。

ヤフーでは、宮坂や川邊をはじめとする経営陣全員が１ｏｎ１の重要性を理解し、率先垂範してくれたことが効果的でした。

導入初期においては、忙しい合間を縫って１ｏｎ１の導入研修に受講者として２人が参加してくれましたし、川邊の予定表は多くの時間が１ｏｎ１で占められていました。

このことにより、初めのうちは半信半疑だった管理職たちも、重い腰を上げざるをえなくなりました。

１ｏｎ１をせざるをえない仕組みをつくることも大切です。

多くの社員が大切な業務時間を削って1on1をしているのに「やらなくても大丈夫」と思わせてしまうのは得策ではありません。「正直者がバカを見る」ことがないような仕組みが必要です。

そのため私たちは「1on1チェック」という仕組みをつくり、1on1の実施状況を可視化しました。

同時に、自分が活躍するのではなく、**部下が活躍する舞台をつくるのが上長の仕事であり、それができない社員は管理職からは外れてもらう**というメッセージを示しました。

ヤフーに限らず、会社には管理職に向く人と向かない人がいます。これは良し悪しではなく、パーソナリティやそれまでの経験によるものです。

部下のマネジメントが向かない人は、無理に管理職にならず、プレイヤーとして才能と情熱を解き放つ仕事ができればよいと考えました。

そのため、1on1をうまくできないということは、管理職も不向きであるかもしれないということも繰り返し伝えました。また、実際に大規模な人事異動も行いました。

1on1に限らず新たな人事制度を導入する場合、このような仕組みや仕掛けが必要なのだと思います。

1on1の技術を磨く

社員が1on1を経験したら、今度は1on1を継続するための施策を実施する必要があります。

ヤフーではプロダクトや技術を「**磨きこむ**」という表現をよく用いますが、なんとなくできるようになった1on1の技術を、意図的にレベルアップさせるというイメージです。

そのために行ったのは1on1をうまく行うための研修です。

具体的には、カウンセリングやコーチングなどの応答技法を高めることに注力しました。

ここで強調したいのは、**応答技法は「技術」である**こと。

技術である以上は、習得の早い遅いはありますし、抜群に上手になる人とそうでない人はいます。しかし、**正しく学べば誰でも一定以上の水準になるのも技術**なのです。練習すれば誰でもリンゴの皮をそれなりに美しく、長くむくことができるようになるのと同じです。

応答技法については、カウンセリングやコーチングに関する書籍や教材のなかで多くの参考事例が解説されています。1on1に取り入れて実践トレーニングすることで、どんどん上手にできるようになっていきます。

図2　5人一組で行う「シャドーコーチング」

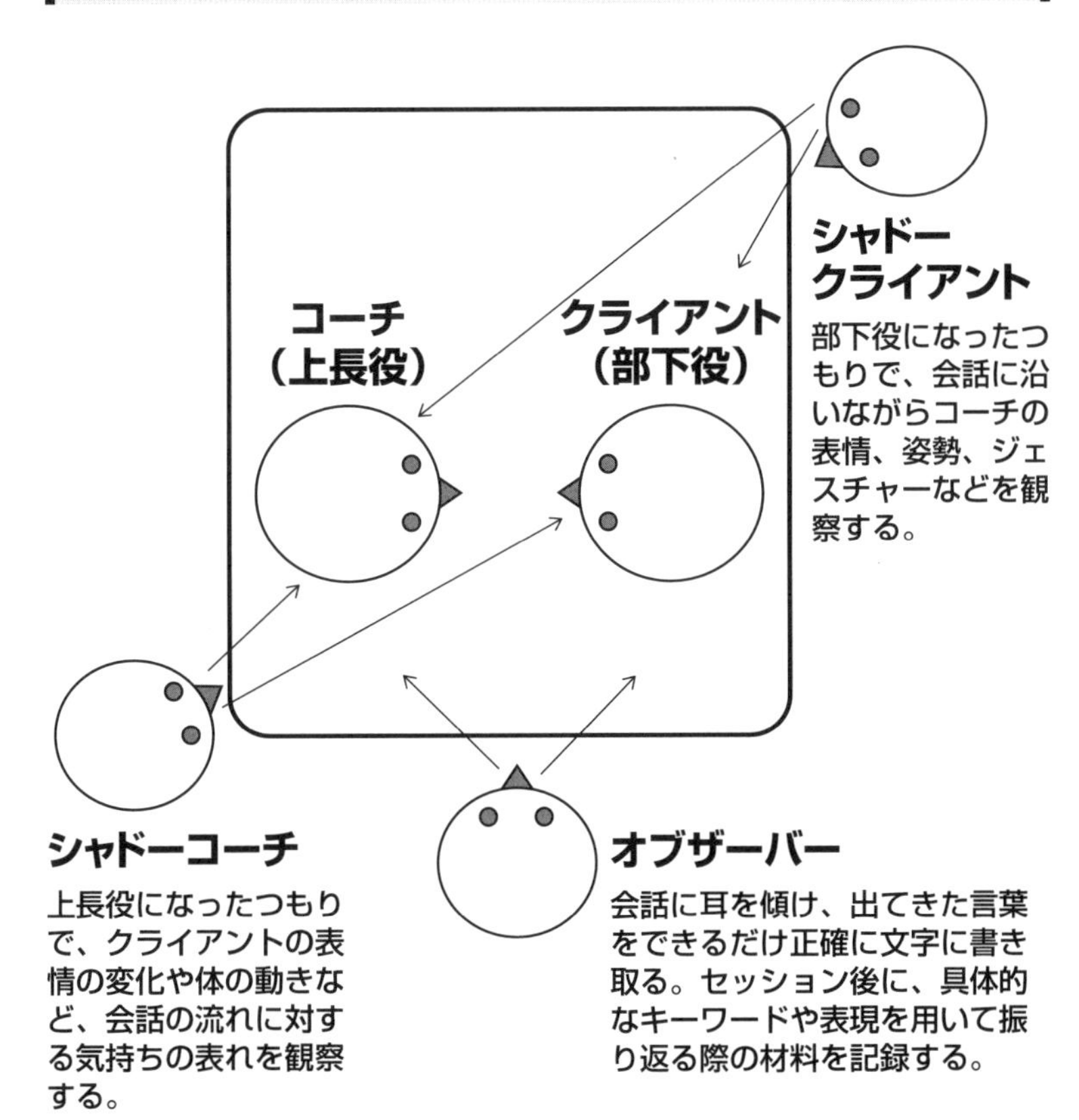

たとえばヤフーでは、**シャドーコーチング**というトレーニング方法も取り入れていました（図2参照）。

これは5人一組で行うトレーニングで、一人が上長役（コーチ）、もう一人が部下役（クライアント）を務め、上長役と部下役それぞれの後ろにシャドーがつきます。

シャドーは上長役、部下役それぞれの聞き方、話し方を観察する役割です。残りの一人は、この対話全体のオブザーバーを務めます。

対話が終了したあと、上長役は、それぞれのシャドーとオブザーバー、そして部下役からフィードバックを受け、その内容を次回以降の１ｏｎ１に活かします。

５つの役割を順に交代しながらセッションを繰り返すうちに、対話の質がみるみる変わっていくのです。**「人のふり見てわがふり直す」**を地で行うわけですが、さらにシャドーという他者からのフィードバックが効くのです。

経験上、このトレーニングを7、8回ほど繰り返せば、8割の方は１ｏｎ１を上手にできるようになります。もしかしたら時間がかかりすぎると思われるかもしれません。ですが、時間さえかければ確実に部下をマネジメントするための強力なツールを手に入れられるのであれば、やるだけの価値はあるはずです。

また、2人一組で互いにコーチングし合う**ピア・コーチング**という練習方法も取り入れていました。上長と部下といった上下関係ではなく、同じ立場にある候補生同士で行う自主トレーニング方法です。

これらの効果を各自が把握できるように取り入れたのが前述した**1on1チェック**というアセスメントの仕組みです。

1on1チェックでは、部下の側に、自分が受けた1on1を点数化してもらい、それを上長にアセスメント結果として返します。

点数化の指標は「内省効果」「気づき」「キャリア自律」「目標達成・評価」の4つ。これを3ヶ月に1回実施します。

大切なのは点数の高低ではなく、ビフォーとアフターの差です。アセスメント結果を振り返りの材料にして、クオリティを上げてもらうことがポイントです。

たとえば、1on1チェックの結果、総合点が70点の人と60点の人がいたとします。2人を比較すると、70点の人のほうがよいと考えがちです。

しかしこの差は、部下が上長に対してどのくらいの期待を持っているかにも左右されます。ポイントが60点だった人の部下は、1on1の可能性をあまり信じていないのかもしれない。数値の高低だけでなく、その意味を考えて次の行動をとることが大切です。

上長と部下の意識にズレがないかどうか確認するという狙いもあります。仮にズレがあれば解消して、1on1をより有意義な場にしていってほしいと考えました。

1on1チェックは2016年に一旦終了しましたが、導入初期においては重要な取り組みだったと思います。

さらに、社内コーチの養成も同時に行いました。

社内コーチは、いわば1on1のエバンジェリスト（伝道師）であり、1on1のやり方に迷った人にとっての相談役であり、人事部門の同志でもあります。

人事から全社員に対して、どれだけ1on1が重要なのかを説明しても限界があります。そのなかで、人事の意図と現場の感覚の両方がわかる社内コーチは、現場に適した方法で1on1の浸透を図ってくれる頼もしい存在です。

社内コーチ候補生は、前述したコーチング研修を受けるほか、全員が社外のプロフェッショナルの指導を受け、より専門的にコーチングを学んだ人たちです。これらによって、コーチングの経験を積み、対話のクオリティを高めていきます。社内コーチは、当時で100人近くになりました。

図3に応答技法を高めるための取り組みを示しました。1on1を実践し、3ヶ月に1回、1on1チェックで振り返り、点数化します。点数が低かったマネジャーは研修を受けて、レベルアップを図ります。

やりっぱなしで終わらせず、1on1の経験学習サイクルをまわすことによって、技術を高めていくことが重要です。

図3　1 on 1の質向上サイクル

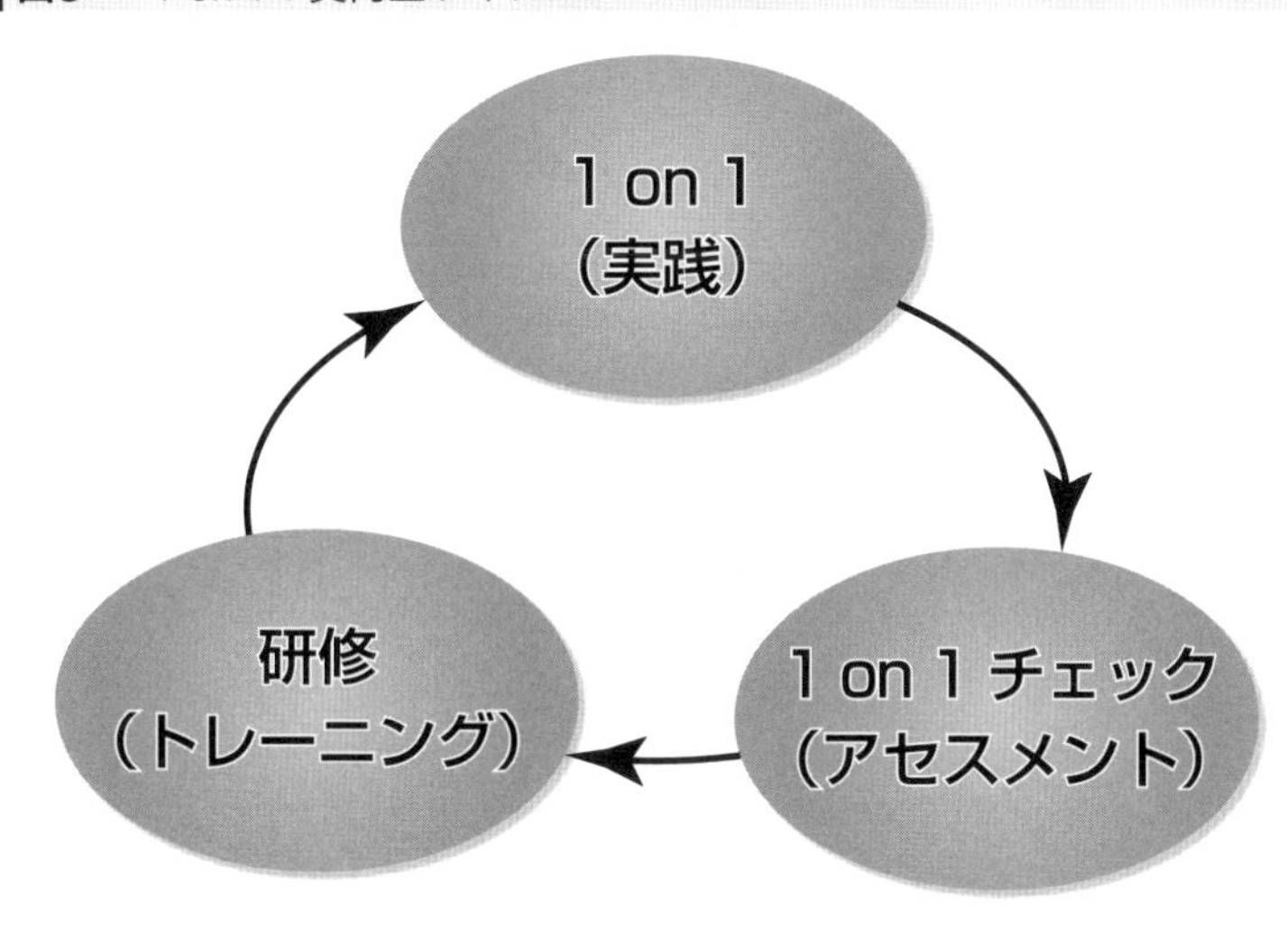

社内コーチはこのサイクルとは別に、より専門的にコーチングを学び、１ｏｎ１をサポートする役割を担うのです。

社員が「独自のかたち」をつくり始めた

ある程度１ｏｎ１が浸透してくると、１ｏｎ１が自分の手から離れていくような感覚になりました。

人事がリードすることなく、組織単位で１ｏｎ１の勉強会が行われたり、１ｏｎ１が派生して２ｏｎ１（上長２人に対して、部下が１人）や、なきめ１ｏｎ１（上長・部下以外の関係で行う）が行われたりしました。

また、ヤフーでは定期的に従業員満足度（ＥＳ：Employee Satisfaction）を測定していました。ＥＳを改善させるために管理職が１ｏｎ１を学び直すことも行われるようになりました。

そのうち、１on１が社内の共通用語になり、「１on１をしたら？」とか「１on１でこんな話が出た」と、社員が普通に１on１という言葉を使うようになったのです。当初のイメージを超えて、１on１が広がり始めるような感覚がありました。

それまでは、人事が１on１を実施する理由をさまざまな手法で説明していたのですが、自分が説明していない内容でも、１on１の理念を社員それぞれが咀嚼し、独自のかたちで実践してくれるようになりました。

こうして、１on１が一つの組織風土となり、次のステージに上がっていったのです。

3-4

対談……❷

中原淳・立教大学経営学部教授

労働力を確保し、育成して、引き留めるための手段

立教大学大学院経営学研究科リーダーシップ開発コース主査、立教大学経営学部リーダーシップ研究所副所長などを兼務。博士（人間科学）。専門は人材開発論・組織開発論。北海道旭川市生まれ。東京大学教育学部卒業、大阪大学大学院人間科学研究科、メディア教育開発センター（現・放送大学）、米国・マサチューセッツ工科大学客員研究員、東京大学講師・准教授などを経て2018年より現職。主な著書に『組織開発の探究』（中村和彦氏との共著）『人材開発・組織開発コンサルティング』（ダイヤモンド社）、『職場学習論』『経営学習論』（東京大学出版会）、『フィードバック入門』（PHP研究所）などがある。

「大人の学びを科学する」をテーマに人材開発やリーダーシップを研究している中原淳さんは、私にとって大事な師の一人であり、1on1のよき理解者でもあります。コロナ禍以降、組織と個人との関係が揺れているなかで、組織で実践されている1on1の現状と、直面する課題についてうかがいました。

＊＊＊

「人手不足」に慣れすぎている

本間　2017年に『ヤフーの1on1』の初版が出たあと、コロナ禍を経ていくつかの大きな変化がありました。1on1も浸透しましたし、リモートワークが広がって、職場におけるメンバー同士の関係も変わりました。そこで、教育や人材育成と1on1の関わりについて、もう一度お話をうかがいたいと思います。

中原　コロナ禍をきっかけとして、多くの企業で強制的にリモートワークが始まりましたが、そのときに注目されたのが上長と部下の関係の再構築です。

それに加えて、社会背景としてジョブ型の人事制度を導入しようとか、人的資本経営をやろうとか、要するに**人事の仕組みを昭和型からリニューアルしようという動きが、コロナ禍以前**

から始まっていました。

これまでは企業と個人ががっちりと手を握り合っていましたが、「**静かな退職**（**Quiet Quitting**）」が増えるなど、近年では個人の力が強くなってきている。その背景には深刻な人手不足があります。**結局、離職やリテンション**（**定着**）**の問題に一番影響を与えるのは上長と部下の関係です。**そこをなんとかしなければならないという課題意識が広まり、1on1を導入した企業も少なくないと思います。

先日、外国の研究者と面談したんです。そのときに言われたのが、「人手不足のなかで、労働力を確保するのは無理に等しい。このままいったら、本当に経営が立ちいかなくなる。その深刻さをわかっているのか」ということでした。

本間　外国の方からそこまで言われると、ちょっとショッキングですね。

中原　私たちは、少子化や人手不足の負の影響をすでに受けています。しかし、それに慣れてしまっていて、何も思わなくなっている。たとえばスーパーでセルフレジが10台並んでいて、店員さんがいるレジは1つ、2つしかないという状況もあり得ます。人手不足で、労働力が確保できないのです。少子化について頭ではわかっていますが、外国人から見た日本の状況は、私たちが考えている以上に危機的なものなんだと思うんです。

だから、企業は人や組織に対してもっともっと投資をして、人口が減少していくなかで労働

力を確保して生産性を上げる取り組みをしないと本当にまずい。１ｏｎ１が広まった背景にはそういった事情もあるのかなとは思っているんです。労働力を確保して育成して、自分の会社に引き留めるためにもっとも効果的なのは、上長・部下間の関係であり、職場のヘルシーさです。

本間　中原先生は『増補版 駆け出しマネジャーの成長論』（中央公論新社　２０２１）で、マネジャーになりたてのときに育成について教えないと、自己流で社内で生き残ることばっかり考えてダメになる、というお話をしていました。僕はこの指摘が大切だと思っています。そのときの研究成果が１ｏｎ１に結び付くところはありますか？

中原　これも変化の１つだと思うんですけど、この5年で１ｏｎ１の研究って、すごく増えているんですね。マネジリアル・コーチング研究といって、管理職によるコーチングという１つの分野が確立してきた。管理職の行動が組織に与える影響に、注目が集まっているのだと思います。

管理職育成の原則は「鉄は熱いうちに打て」です。コーチングのスタイルが固まったあとで１ｏｎ１といっても、自己流のマネジメントをアンラーニング（学習棄却）することはなかなか難しいんじゃないかなと思うんですよね。

フィードバックを大切にする世代

本間 この間(かん)、中原先生も東京大学から立教大学に移られました。東京大学ではご自身も1on1を実践されていましたが、いまはどうですか？

中原 立教大学に来てからは、学生との関わりがメインになりました。特徴的だなと思ったのは、いまの学生って1on1よりも、とにかくフィードバックを求めてくる。あるいはフィードバックをとても喜ぶ。

本間 それは中原ゼミの特徴だと思いますか？

中原 うちのゼミだからってわけではないと思いますね。たとえばゼミ生以外でも、レポートなどを提出してフィードバックがなかったら残念に思うでしょうし、発表が終わったあとに「先生、さっきのどう思います？」という質問は普通にあります。

そこで「まず自分はどう思ってるの？」って聞くじゃないですか。そうすると学生が、「僕としてはこうだった」と言って、「僕にはこう見える」といったやりとりを行います。こういうことは、本当に日常茶飯事なんです。

だから、これから職場に入ってくる若い人は、フィードバックを求めてくるし、それを大事

にしていくような世代なんじゃないかなと思います。もし労働力を確保したいのならば、そうしたニーズに応える必要がある、と私は思います。

本間　学生がフィードバックを喜ぶのは、なぜ？

中原　自分のやったことに対してどう見えているのかを知りたいって、よく考えたら当たり前のことだと思うんですよね。何も言われないのは不安ですよ。自分がどっちの方向に向いて走っているのか見えないわけですから。私だって、自分がやったことに対してほかの人はどう感じているのかは知りたい。だから、**フィードバックを求めるって、誰もが持っている普通の資質**だと思うんです。それに応えてあげると、やっぱり喜びますよ。

本間　以前の学生と比較するとどうでしょうか。

中原　フィードバックを求めてくることは、いまほどはなかったかもしれないですね。教員との距離が遠かったのかもしれません。でも、いまは違いますね。それに、フィードバックをもらったほうが学生自身も伸びますし。

本間　中原先生の著書、『フィードバック入門』（PHP研究所　2017）では、**フィードバックを「立て直す技術」と定義**されていました。その後、フィードバックという言葉が定着したと考えると、いまの学生たちが求めるフィードバックとはどのようなものだと思いますか。

中原　フィードバックは、ポジティブなことでも、ネガティブなことでもいいので、**相手にど**

のように見えているのかを「鏡」のように返してあげることなのかな、と考えています。

かつては部下育成というと「叱る」「怒る」という言葉、それから「詰める」って言葉しかなかったんじゃないかなと思います。いまはもうちょっとニュートラルに、相手を立て直すためのスキルみたいなものとして「フィードバック」が大切になっているのかなと思います。

本間　そうすると、フィードバックを取りに行くための人間関係をつくったり、そういう場としての1on1だったりは有効かもしれませんね。

中原　そうだと思いますね。フィードバックを機能させるためにも、普段からの1on1が重要です。

「言葉」が境界をつくってしまう

本間　マネジャーについてはどう思いますか？

中原　研究の現場でも、「時代が求めるマネジャー像が変わっている」と考える研究者は増えています。**マネジャーの果たす役割として「人の能力を伸ばすこと」の割合が、かつてより増えているのです。**時代が求めるマネジャー像は、昭和の「いいからやれ！」みたいなタイプではありません。

私が人材開発研究を始めた四半世紀前は、いまよりも、もっともっとひどい状況でした。当時よく聞いていたのは「怒られないのは褒められていると思え」というマネジャーの謎の物言いです。ワケがわかんないじゃないですか（笑）。いま、これはできないですよね。

本間　昭和的なマネジャー像が変化していくなかで、新卒や若手との関わりが難しいというのをよく聞きます。「パワハラじゃないか？」みたいに言われるのが怖くて、うまくフィードバックできないという人もいます。

中原　**フィードバックって、基本的には相手が自分にどう見えているかという事実、ファクトを伝えることです。そして、その見え方に対して「どう思う？」って聞いてあげること。**単純に言うと、この2つだけなんですよ。

パワハラになるかならないかで言うと、一番安全なのは「あなたがこんなときに具体的にこういうことをしているのは、こういうふうに見えているよ。お客さんはこう感じているかもよ」と伝えることです。これはマネジャーから見た事実です。もちろん、それは絶対の真実ではないかもしれない。だけれども、自分が見た事実を伝えてあげればいいのだと思います。

そのうえで、「私にはこう見えたけど、あなたはどう思う？」と聞いてあげればいいのです。**はっきり言うけど、決めつけない。これを守っていれば、パワハラにはなりません。**余計なことを考えずに、そこだけ言えばいいんじゃないかと思います。

新卒とどう関わっていいかわからないというのは、関わらないでいることの正当化ですよ。僕は約25年教員をやっていますけど、若者の根幹なんてそんなに変わっていない。昔から変人はいましたし、難しい子はいますよね。いまの子だから難しいっていうのは、あまり感じません。

本間 よく、「Z世代」とかなんとか、若手を特別視するような言い方があります。でも、その前提自体が間違っていますよね。

中原 **「Z世代」などという言葉をつくるから、言葉が世界をつくってしまう。**つまり「違う人たち」という境界をつくってしまうじゃないですか。まず「Z世代」っていう言葉のくくりをやめればいいと思うんですよ。

まずはやってみる

本間 フィードバックや1on1の重要性は高まっていると思いますが、形骸化もしていると思うんです。

中原 1on1っていうのはマネジリアル・コーチングですよね。つまり、**プロではない現場の上長が行う部下指導**のことです。資格が必要でもなければ、数年間の研修が必要でもない。

なので、最初からリスキーな指導方法ではあると思うんですよ。専門職ではない普通の人がやるわけですから。そのリスキーさを抱えているということが、形骸化の根源にあるのではないかと思います。

本間　お手軽な「コミュニケーション研修」が増えていたり、本来、資格を取るのに数年かかるコーチングやカウンセリングを半日の研修で学んだことにしてしまう、といった事情もありますね。

中原　1on1が形骸化してしまう理由のもう1つは、やはり**広く普及することのジレンマ**だとは思います。よかれと思って正しいもの、正しいスキルを伝えたいと思っても、普及すればするほど、おおよそ質が違うものがどんどん広まってしまう。あらゆるものがそうじゃないかなと思います。

1on1ってブラックボックスじゃないですか。だから、たとえば1on1をやっているところがYouTubeで見られたりすると、「1on1ってこういう雰囲気なんだな」と、なんとなくわかる。そのぐらい普及しないと、なかなかイメージができないだろうなと思います。

本間　よくわかる。

中原　本間さんは研修のなかで必ず1on1の実演をやりますよね。あれが誰でも見られるようになっていくと、「こういうコミュニケーションのスタイルなんだ」「こういうスピードで進んでいくんだ」っていうのがわかるんじゃないかなと思いますね。「あっ、こういう雰囲気と、コミュニケーションモードね」とわかるんです。

本間　経験的にデモをやったほうが早いからやっていたけど、そういうことなんですね。

中原　学習の理論的には、1on1はブラックボックスのなかで行われるので、他人が見ることができない。だから学習可能性が非常に低いんです。

本間　なるほど、そういうことなんだ。

中原　逆に言うと研修とか、そういう特別の場をつくらないと、なかなか変わらないんじゃないかなとは思いますね。

本間　やる気はあるけれどなかなかうまく1on1ができない、という人はどうすればいいと思いますか。

中原　武道でも「型」があるように、「型」をまずは覚える。1on1って結局、新しい上長と部下のコミュニケーションスタイルじゃないですか。**だから、まずはやってみてはいかがでしょうか。**守破離の「守」を、まずやってみる。そのなかでだんだん、「ああ、こんなものなのかな」みたいな勘所が摑めてくれれば、自分なりにアレンジしたり、自分のやり方を見つけることができるかもしれません。

　座学じゃわからないですよね。できれば、研修などでいろんな人からフィードバックをもらったりするループがあればいいなと思いますね。**とにかく実践して経験学習するほかはないのかなって思います。**

本間　本当にそう思います。

中原　あとは、１on１の意義について上長側はわかっているんだけど、部下側に意義が落ちていない。よくわかんないけど上長と隔週でコミュニケーションすることになっちゃった、みたいな。たぶん、ほとんどがそんな感覚だと思うんですよ。

だから、部下側に意義を伝えていくのが大事なのではないでしょうか。上長だけがわかっていても引っ張れないんじゃないかなと思うからです。「進捗報告すりゃいいの？」「反省しにいかなきゃならないの？」という疑心暗鬼が消えない。部下側の成長を支援するっていうことだったり、振り返りということだったり、そういうイメージを１on１に持てていないんですよ、部下側って。そこは会社が伝えてあげるべきことかな、と思いますね。

「マネジメントの価値」は上がっていく

本間　最後に、１on１の教育面での効果についてはどう思いますか。

中原　先ほども申し上げたように、１on１はマネジリアル・コーチングですが、これは教育としての効果が高いものです。

大企業は別ですけど、新卒が採りにくくなってきて、中途入社の社員もなかなか定着しなくなってきます。都市部にいるとあまり実感がないと思うんですけれど、地方からどんどんそうなっていくんじゃないかなと思います。地方の学校を出た子も結局、首都圏とか、大きい都市に吸い込まれていっているので、地方はだんだん労働力が確保できなくなる。**だから、いまいる人たちに長く働き続けてもらうことと、その人たちの生産性を上げることが最重要課題になってきます。**

なので、１ｏｎ１をはじめとして、上長と部下の関係の改善をしていかなければならないというニーズはどんどん高まっていくと私は思います。

この国の人々は私も含め、「少子化・人手不足であること」を選びました。私も当事者の一人です。それがまずいということを知っていながら、アクションを起こさなかった。だから、少子化・人手不足の流れは、止められません。今後数十年、これと付き合う必要があります。

こうなったら結局、目指すのは少数精鋭の人材立国しかないんですよ。そこで必要なのは、少数精鋭の人材を育てることであり、育てた人材にしっかり仕事をしてもらうことです。そのために１ｏｎ１は必要です。

本間　１ｏｎ１の意義は、上長と部下の関係を強めることにあると思います。

中原　そうですね。それってＡＩにできないことじゃないですか。そこが一番大事じゃないかなと思いますけどね。１ｏｎ１などを通して、人のモチベーションを上げたり、振り返りを促してあげる。そういうことをやっていくのが大切じゃないかなと思います。

対人接触職って、結局残ると思うんですよ。だからマネジメントってどんどん付加価値が上がっていくんじゃないかなと思います。

本間　ありがとうございます。

第3章まとめ

- 1on1は、①コミュニケーションをとる、②フレームワークを使って対話する、③コーチングやカウンセリングの専門スキルを使う、④知的コンバットを行う、の4つのモードに分けられる
- フィードバックとは、上長が部下に期待する仕事の水準と、部下がもたらした成果との差を伝えること。そして、対象者(部下)が周囲からどのように見えているかを客観的に示すこと
- 「経験学習を促進する」ためのもっとも直接的な手法は「(今回の出来事から)何を学んだの?」と質問し、学びを確認すること
- 部下の学びが深まったら、最後のステップは次に取る「行動の宣言」を行うこと

第4章 困ったときのFAQ

世の中で1on1が広まるとともに、
それにまつわる誤解や疑問も
耳にするようになりました。
ここでは企業の方々からよく聞かれる疑問に「ホンマ節」でお答えします。

4-1

困ったときのFAQ

Q1
部下とのコミュニケーションが毎日とれていれば、1on1は不要ではないでしょうか。

A 本当に「部下と毎日コミュニケーションがとれている」のなら素晴らしいと思います。しかし部下は、そのコミュニケーションに満足しているでしょうか?

「自分は部下とコミュニケーションがとれている」と信じきっている上長には、はっきり言って管理職の資格がないと思います。

こういった上長の部下に聞くと、「あの人は、私たちには関心がない」と言います。私が知る限り、ほとんどの場合がそうです。部下のことをどれほど知っているか、あらためて自問してみてください。

このようなギャップの裏側にあるのは、部下の成長を支援することではなく、とにかく自分の成果のために部下が動けばいい、という上長側の本音でしょう。

「何のためのコミュニケーションなのか」ということを、もう一度考えてみましょう。上長の役割は、成果を上げてもらうことだし、そのためには部下のことを知らなければならない。

それに、自分が言ったことが部下に正しく伝わっているかどうかを理解しなければならない。自分は十分に伝えたと思っていても、言ったことが正しく伝わっていないことは意外と多いものです。

「人が辞めていく」ことは昨今無視できない現象です。労働人口は、これからますます減少していきます。そうすると、人材獲得戦争が激しくなっていって、せっかく育てた人材がすぐに引き抜かれていく。そんな時代において、リテンションは経営課題になっています。

かつては、部下を2人以上辞めさせた上長は昇進できない、という時代もありました。そこまでいかなくても、多くの職場では人が辞めていくことに対する危機感がなさすぎる、と私は思います。

では、何が課題解決のカギを握っているのでしょうか？

結局、退職を防ぐカギは上長との人間関係ですし、部下が成長できる環境をつくれるかどうかにあります。

だから、きちんと部下のことを知り、そして上長側も知ってもらわなければいけない。

そのために、１on１を通してコミュニケーションの場をつくることが重要だと考えています。

Q2

リーダーとメンバー、本部長と部長など、1on1が果たす機能は職位によって違うのでしょうか。

A　結論は「同じ」です。

しかし、それぞれの職位によって役割が違うことから、果たす機能も違ってくることはあります。

マサチューセッツ工科大学のデボラ・アンコーナらが提唱した「**ニンブル・リーダーシップ**」という概念があります。ニンブルというのは「機動性が高い」という意味です。それによると、リーダーには3種類あると考えられています。

一番フロント（現場）に近い人が起業家的リーダーで、中間層はその支援者、トップは設計者というものです。それぞれ役割が違うから、その役割ごとに1on1のテーマは変わってくるでしょう。

やや角度が違う話かもしれませんが、最近、働く人の学びにおいて、言語化が大事なカギになっていると感じています。

そして、現場に近くなればなるほど言語化が苦手である、と感じるのです。

なので、1on1のやり方や果たす機能は同じでも、現場に近ければ近いほど部下の言語化を待ってあげる、助けてあげることが必要になると思います。

上位層では、話がスムーズに通じるのですが、年が若いほど、仕事に慣れていなければいないほど、仕事に対する解像度を一緒に上げていくことが必要になります。

上長にとっては、相手の言葉を待つつらさがあるかもしれません。でも、急がせたり答えを言ったりしてはいけない。

とにかく部下の言語化を待ってあげて、正しく意図を理解することが必要です。

また、自分が部下としていい1on1をされていないと、部下に対していい1on1はできません。

そのため、私が行う研修は必ず経営者層から受けてもらっています。

Q3 年上のベテラン部下から、「1on1は不要」と言われてしまいました。どうしたらよいでしょうか。

A　年上のベテラン部下だからといって、1on1が不要ということはありません。

1on1には「部下の成長支援」という狙いがありますが、年上の部下は往々にして**「いまさら成長と言われてもな……」**という本音があります。

20代、30代が相手であれば、「キャリア自律」や「成長」という言葉が響きやすい。

しかし、これが50代となると、「はあ？」と、すごい態度になる人がいます。

定年まで残りわずかとなった段階で成長と言われてもしらけるだけ。そっとしておいてほしい、ということかもしれません。

私の経験でも、1on1の研修をしていてもっとも難しさを感じるのは50代の参加者たちです。

でも、そう言っている年上の部下の本音を探っていくと、**「会社や若い管理職に迷惑はかけたくない」**という気持ちもありそうです。

心のどこかでは貢献したいと思っているし、「お荷物」にはなりたくない。

だからこそ、**年上の部下との１ｏｎ１では、成長を促すのではなく期待を伝えること**を意識してみてください。

「僕が期待しているのはこれなんです」と伝え、日頃の行動が期待に合っているかどうかを明確にフィードバックすることも、方法の一つだと思います。

ベテラン社員との１ｏｎ１は確かに難しい。

苦手だからコミュニケーションの頻度は下がっていくし、そのために期待やフィードバックを伝えられなくなっていく。その悪循環が状況を悪化させます。

しかし、１ｏｎ１においては、苦手な社員こそが先生です。

対話を重ねて苦手な社員とも信頼関係を築くことができれば、自ずと１ｏｎ１の質も上がっていきます。

Q4

週に1回、30分を確保することができません。

A　これは愚問です。**部下の話を週に1回も聞けないのだとしたら、そういう組織構造がおかしい。**

同じような問題を抱えていたある会社の管理職に聞いたことがあります。「あなたの部下は何人ですか？」と。すると答えは30人でした。1人の上長に30人の部下がいて、適切なフィードバックをし、評価をし、エンゲージメントを高めることができるのでしょうか。**離職者多発のこの時代に、こんなマネジメントはあり得ません。**

逆に、「部下の数は少ないけど自分の業務が大変なんです」と言う人がいたら、プレイヤーとしてのウエイトを下げるべきです。会社がそれを許さないとしたら、マネジメントに問題があると思います。

1on1がうまくいかない理由の筆頭は「十分な時間がとれないから」です。でも、うまくいかなかったのは、本当に時間がとれなかったからなのでしょうか。時間がとれない理由を掘り下げて考えてみた、という話はあまり聞きません。

繰り返しますが、上長が部下をちゃんと見ることができないようにさせている組織の問題でしょう。

一方で、部下の数は適正なのに1on1ができないのだとしたら、時間の使い方や優先順位の問題です。

部下のためにも、改善するよう心がけてください。

ヤフーでは、1人の上長の下で働く部下の人数を、週1回程度の1on1ができるぐらいの人数にすることを目指していました。そうすると、おおよそ部下の数は6人から7人ぐらい。それ以上になると、1on1やコミュニケーションに支障が出ると判断したからです。

1on1の頻度は最低でも2週間に1回ぐらいがベストである、というのが私の考えです。理想は毎週ですが、お互い都合が合わないときは飛ばすとして、平均的には2週間に1回ぐらいは時間を確保すべきです。

なぜそれぐらい必要かというと、期間が空けば空くほど1on1が特別な場になり、自分の言いたいことを伝えきれなかったり、誤解や情報不足が起こったりするからです。

ちなみにヤフーでは、3ヶ月に1回、社長と1on1をやっていました。ですが、3ヶ月に1回となると、この話をしておこうかと考えたり、なんだか自分の要望を伝えるような場に変わったりしてしまう。これは、本書で繰り返し述べてきた、1on1の効果とは異なるものです。それでもやらないよりはましですが。

やはりある程度の頻度を維持することで、要望を伝える場ではなく、日常的にカジュアルに話ができる場になっていくのです。

Q5 1on1に時間を奪われて自分の仕事が終わりません。

A そもそも「**自分の仕事**」とは何でしょうか？

上長の仕事は、部下が活躍する舞台を整えることだとするなら、1on1はそのための強力な手段です。上長にとってこれ以上重要な仕事はありません。時間をやりくりして、1on1に取り組んでください。

と、これで終わってしまっては身もふたもありませんので、もう少し詳しくお話しします。

日本の企業は大きな転換点を迎えています。これからのマネジャーに求められるのは、組織で十分な成果を上げられないメンバーであってもうまくマネージして、成果を上げることです。

こんな難しいこと、これまでの日本の管理職はやってこなかった。でも、優秀な部下に囲まれた経営幹部は実感がわかない。

これが、1on1に対して投資が進まない大きな理由の1つです。

だからこそカギとなるのは、現場にもっとも近い最前線の管理職なのです。

現場にもっとも近い管理職にとって大切な仕事の1つは、あまり評価されていない社員の育成です。

たとえば、Cランクの社員をBランクの社員に変えていくこと。これは、BランクをAランクにすることよりも難しい。

なぜなら、部下の評価が低い原因は、本人の努力不足や能力の問題だけでなく、社員が活躍できる役割を与えられていない企業側の問題も考えられるためです。上長の働きかけが不十分であるという課題もあるかもしれません。だからこそ、管理職としての実力が試されます。

昨今、大企業も含めて優秀な人材を次々に登用できるような状況ではなくなりました。このため、現有勢力である既存社員の底上げを図ることが求められています。

1on1は、残念ながら即効性のあるものではないかもしれません。でも、**最終的に1on1は、現場の管理職の武器になります。**

だからこそ、なんとか時間を捻出してでも1on1をやってみてほしいのです。

Q6

キャリアについての話を毎回するのは難しそうです。

A **キャリアの話は、毎回しなければならないものではありません。**

何度も繰り返すようですが、部下があっさり転職する時代です。それはどういうことかというと、「どんな仕事が自分に合っているか」と考えたときに、「ここではない」と判断しているのです。

部下が転職するかもしれない、と予期することは難しいかもしれません。しかし、普段の対話のなかで「ゆくゆくはどんな仕事がしたいのか」について話すことで、部下の志向を知っておくことは有効でしょう。

実は、転職を考える部下のほうが「やる気がある」とも言えます。転職を考えている部下は、自分のキャリアを考え抜いていると言えるからです。

最近「静かな退職」（Quiet Quitting）」が問題視されています。これは、成果や成長などを無理に追い求めず、契約通りの与えられたタスクのみを遂行する働き方を指します。

仕事ばかりにとらわれたくないと考える人も増えているのかもしれませんが、企業としてはあまり望ましい傾向ではありません。

だからこそ、上長は部下のモチベーションやキャリア意向についても、把握しておく必要があります。

そのためには**上長と部下という会社の枠を超えて、「この人に自分のキャリアについて知ってもらいたい、アドバイスをもらいたい」と思えるような存在になるのが理想**です。

会社員人生のなかで、一緒に働く上長の数はそれほど多くはありません。私の経験でも、一緒に仕事をした上長の数は2ケタには届きません。

本来は話せないような内容でも、たまには話せる。異動や転職など話しにくいような内容でも、ときとして話せる。会社や部署の利害を超えた関係こそが理想なのではないでしょうか。

もし部下の希望を満たせる場が社内になく、他社に転職していったとしても、いまは企業の垣根を越えてビジネスが展開していくので、このような関係は有効です。

最近、企業が自社を退職した人のコミュニティを構築する**「アルムナイ活動」**を積極的に行っています。その理由の1つは転職者とのネットワークを維持することです。

そんな時代だからこそ1on1の場では、毎回ではなくても定期的かつカジュアルなかたちでキャリアの話をしておくべきなのです。

Q7

何について話すかを部下に聞いても、「特に話すことはありません」という答えが毎回返ってきます。

A　**話すのが苦手な部下との1on1では、話題を3つ用意するのがおすすめです。**特に、「勤怠」「観察」「取材」の3つが話を引き出しやすいでしょう。

「勤怠」の話題とは、いつも朝7時半に会社に来ている人が急に9時に出社するようになったり、突然半休が増えたりという、**勤務態度の変化についての**話です。そんなことがあったら、「最近、朝ちょっと遅いけど大丈夫？」とか「半休が増えているみたいだけど、どうしたの？」と聞いてみる。それがヒントになって部下が話し始めることがあります。

「観察」は、「あのテーマについて話してるとき、すごくいきいきしているよね」というように、**普段の働き方についての**フィードバックをすること。

管理職にとって、部下の変化を日頃から観察しておくことは必須のスキルです。「特に話すことはありません」と言われても、日頃の部下を観察していれば上長の側から「昨日頑張ってたよね」「あの仕事をやってたよね」と水を向けて、対話を広げることが可能です。

そして「取材」とは、**部下の周りの人に話を聞くこと**です。「明日、Cさんと1on1なんだけど、最近のCさんってどう?」と聞いてみる。すると、「あっ、いいタイミングですよ。実はCさんはね……」と何らかのエピソードが出てくることがあります。

これらは、話を引き出すためのスキルですが、もっと重要なのは、**なぜ部下は「特に話すことはありません」と答えたのか**です。

大きく分けると2つの要因があると思います。

1つは、「あなたは私の話なんて聞きたいと思ってないでしょ」と思っている。つまり信頼感の欠如です。要するに、**「話すことがない」のではなく、「あなたには話したくない」という意思表示**であることが多い。

これを防ぐには、前に述べた日頃の観察が必要です。「あなたのことを見ているよ」というメッセージを伝えられていれば、部下はそれに応えてくれます。

もう1つの要因は、**言語化が苦手な部下なのかもしれない**ということです。

Q2でも触れましたが、話をしたくないのではなく、考えていることを言葉にできない。最近いろいろな会社で似たような話を聞きます。

言語化が苦手な部下への対処法としては、**事前にテーマを決めてメモを書いてもらう方法**があります。たとえば「今週やって成功したこと」など、1行でもいいからメモを書いてもらう。そのこと自体が本人の振り返りにもなりますし、話題提供ができるいい方法だと思います。

加えて、1on1について部下側に十分な情報提供を行うことも大切です。なぜなら、1on1の意義が部下側に落ちていないのかもしれないためです。

管理職に対してのみ1on1の研修を実施して、部下には何もしないのでは、制度運用として不十分です。研修が無理でも、イントラネットを活用したり、経営側が正しくメッセージを発信することにより1on1の意義について補完することは可能です。

Q8
1on1の内容が業務報告ばかりになってしまいます。

A　おそらく部下は、**1on1を「自分のための時間」ではなく、「上長のための時間」ととらえているのだと思います。**もしくは、できるだけストレスなく終わらせようとしているのかもしれません。

一方で、上長も業務報告でよいと思っているのではないでしょうか。私はこの現象を**「時間を埋めにいく」**と表現しています。

その結果、お互いが1on1を業務報告の場にしてしまっている。これは1on1の趣旨に反します。

また、毎回雑談になってしまうのも考えものです。アイスブレイクや、何回かに1回程度雑談になることは否定しませんが、それ以上は避けるべきです。部下からすると、1on1が雑談で終わると、次回も雑談でいいやと思ってしまうかもしれません。

1on1を単なる業務報告や雑談の場にしないためには、まず最初に「1on1は部下のための時間である」ということを共有しておく必要があります。もしかしたらそれは、導入時のガイダンスで人事部門が明示し、理解を徹底させるべきことかもしれません。

第2章の会話スクリプトにあるように、ヤフーの場合、「今日は何を話そうか？」と上長が切り出すことから対話が始まります。これは話題を部下に決めてもらい、1on1は部下のために行うことを実感してもらうためです。

上長自身も「1on1は部下の成長を支援する場である」という原則を意識しておくことが重要です。その原則を守るなら、仕事にまつわるさまざまな考えや意見、あるいは迷いなども部下は話すようになります。ときには、プライベートな相談事を話すこともあるかもしれません。

指導にならないように部下の話を傾聴し、フラットな対話を心がけることによって心理的安全性が高まり、話しやすくなります。

安心して話せて、断定的ではないフィードバックを上長がすることで、部下が自分で考える領域は広がっていきます。

このようなことから、やはり業務報告や雑談は1on1とは別に行うのが原則です。

例外的に行うのもOK、というくらいがちょうどよいのではないでしょうか。

Q9

何度か1on1を試みましたが、とても部下の役に立てているとは思えません。

A　**部下にとっての「いい1on1」ができたとき、上長側の達成感はないのかもしれない、**というのが私の考えです。むしろ、部下の悩みに対して即座に答えを出し、「ありがとうございます」と言われるような上長像は捨てたほうがいいと思います。

正解を見つけることよりも、**本当の課題はどこにあるのか、部下自身が考えられる1on1が「いい1on1」**なのではないでしょうか。

たとえ上長がいなくなっても、部下は成果を上げ続けなければならない。だから、自ら問いを立て、解を見つけていく必要があるのです。

1on1をやりながら、「本当に自分は部下の成長に関われているだろうか」と思っているぐらいが健全なのではないでしょうか。

上長の達成感のために1on1をしているのではないのです。

では、部下の役に立てているかどうかはどのように測ればいいのでしょうか。

私の経験では、部下から「この仕事をやっておきました」と、上長への相談なしに自ら考え、行動し、結果がでているということがときどき起きてきます。それが自分の想像を超えていると、部下が一人で成長していく。

つまり、**部下の行動変容こそが1on1の効果**ということです。

行動が変わると言葉が変わるし、視座が上がる。それは誰でも実感できます。

1on1をうまく続けている上長は、部下の成長を感じると、もっと部下に委ねるようになります。そしてさらに部下は成長する、という好循環が起きるのです。

「自分が答えを常に言い続けないと、部下は自分のことを信用してくれない」という上長やリーダーもいますが、それは間違いです。

部下からの信用とは、「ちゃんと自分のことを見てくれている」という実感を持ってもらうことです。何かを聞かれたときに「どうなんだろうね、それ、一緒に考えない?」と言えば、「これは自分のことを育てようと思ってくれてるんだ」と思ってもらえるはず。それが理想です。

Q10
1on1で部下から重いプライベートの相談をされました。

A　話をしているうちに仕事以外のことに話題が及んでしまい、その内容も重いもの（聞くのもしんどい内容）になってしまったというケースがあります。たとえば、家族の介護や病気、あるいは子供の進学問題などです。ワークライフバランスという言葉に代表されるように、仕事とプライベートは分けて考えることが一般的です。しかし、現実はそう簡単ではありません。プライベートで心配事があると、仕事で成果を上げることも困難でしょう。

こういうケースでは、傾聴に徹して、部下の話を聞くことが大切です。 話を聞いてもらうだけで、多少気持ちが楽になることがあるかもしれない。上長と部下は職場での人間関係ですが、広く考えれば、プライベートでも仲間です。部下に対して、人としてできることをすることも大切だと思います。

ただし、アドバイスや意見の伝え方には慎重になってください。

また、これは当然のことですが、**部下から切り出されたプライベートの話は周囲と共有してはいけません。** 上長を経由して、個人的なことが部署に広まることを快く思わない人はたくさんいます。一度信頼を失うと、その再構築は容易なことではありません。

Q11

1on1の内容は記録すべきでしょうか。

A　部下が何を言ったかを覚えておくために、メモを取ることはあり得ます。

ただし、**メモを取ると2つのデメリットがあります。**

1つは、そのメモを上長はどうするのかと、部下側が不安に思う点です。そうなると、部下はもう本音を話さなくなります。

もう1つは、部下の表情や視線など、ボディーランゲージが見えないことです。

たとえば嫌なことを話すときに腕を組む人がいたり、考えが深まっているときに足を組む人もいたりします。

どんな動作を行うのかは人によって違うわけですが、第3章でも触れたとおり、言語以外の情報を私は重視しています。メモを取ることによって、その瞬間を逃してしまうのは惜しい。

同じような理由で、ノートPCも閉じておいたほうがいいと考えています。たとえばメールを受信した通知が来て、1on1の最中に上長の目が泳いでいたら部下はどう思うでしょうか。

大げさかもしれませんが、信頼関係に関わりかねません。

もし1on1の内容を忘れることが不安なのだったら、1on1が終わったあとに数行メモを書くのが私のおすすめです。

まったくの余談ですが、ヤフーで私の上長だった元社長の宮坂は、私との1on1でメモを取っていました。

そのときはあまり気にならなかったのですが、あとになって1年分の私との1on1の記録を渡してくれたことがあります。私より忙しいはずの人が、自分のために時間をとってくれたことは、忘れられない出来事です。

4-2

対談……❸

人が育つ土壌をつくるためにも1on1は有効

松尾睦（まつおまこと）・青山学院大学経営学部教授

小樽商科大学商学部卒業。北海道大学大学院文学研究科（行動科学専攻）修了。東京工業大学大学院社会理工学研究科（人間行動システム専攻）博士課程修了。英国ランカスター大学よりPh.D.(Management Learning)取得。塩野義製薬、東急総合研究所、岡山商科大学、小樽商科大学、神戸大学、北海道大学を経て現職。主な著書に『経験からの学習』『仕事のアンラーニング』（同文舘出版）、『職場が生きる 人が育つ「経験学習」入門』『「経験学習」ケーススタディ』『部下の強みを引き出す 経験学習リーダーシップ』（ダイヤモンド社）など多数。

経営学者の松尾睦先生は「経験学習理論」の第一人者。ヤフーの1on1は経験学習サイクルをまわし、成長することを狙いにしています。そこで私たちは、松尾先生の『職場が生きる 人が育つ「経験学習」入門』（ダイヤモンド社 2011）を参考にして実践を進めてきました。以前からヤフーの取り組みに注目している松尾先生に、これからの1on1についてうかがいました。

＊＊＊

「点」ではなく「面」で成長する

本間　1on1が広く知られるようになり、普及も進みました。以前からヤフーの1on1に関心を寄せていただいた松尾先生は、この間(かん)の変化をどのように見ていますか？

松尾　ここまで広がったのは、すごくいいことだと思っています。さらに「より使えるもの」に進化させよう、という動きがあっていいんじゃないかと感じます。

ただ、1on1について世の中で推奨されていることは、かなりハードルが高いとも思います。コーチングやカウンセリングなどの高度なスキルを身に付けなければ成り立たないような1on1が求められているように感じます。**もっとシンプルにして、上長も部下も「またやり**

たい」と思えるような、手ごたえを感じるものになるといいですよね。

本間　最近「1on1は部下が成長するためにやるもの」という原則が少し強調されすぎたところがある、と感じています。**「成長ハラスメント」**などという言葉も聞きますね。

松尾　「成長しろ、成長しろ」と迫られる、ということですか？

本間　そうです。社員の成長が企業の成長を生み出すことは事実でしょう。ただ、「カイシャインなんだから、成長しなきゃいけない」という気持ちもわかるのですが、最近それが行きすぎているのかもしれません。

松尾　それで言うと、**「成長支援ハラスメント」**もあるような気がしますね。**管理職が経営層から「部下を成長させろ！」と過度にプレッシャーをかけられている。**「コーチング研修」や「フォロワーシップ研修」など部下育成の手法のインプットが十分ではないと、中間管理職いじめのようにもなりかねません。

本間　**管理職の能力に依存しているところがありますよね。**

松尾　ヤフーの場合は、研修でサポートしているし、1on1のアセスメントもしていましたよね。1on1を上長と部下だけのブラックボックスにしていない。システム全体が1on1を支えているように考えています。

実は1on1って、単体だとなかなか機能しないのではないかと思います。上長への支援がない状態で「1on1をやれ」と言っても、それだけでは難しいのではないでしょうか。

本間 1on1をブラックボックス化しないためにはどんなことが重要だと思いますか？

松尾 立教大学の中原先生も指摘していますが、**「点になってはいけない」**と思います。「点」ではなく「面」で対応する。**つまり、コミュニティがないと1on1はなかなかうまくいかない。**

本間 なるほど。私もヤフーで1on1をやっていたときには、面となるコミュニティをつくるようにしていました。この人、元気ないなと思ったら、違う人を呼んで「ちょっとあの人と話してほしい」とか、**1人の部下の成長に上長を含む複数の人が関わるような場**をつくってきました。オールアイズで人を育てるとか、量的支援という言い方をしていました。

松尾 たとえば僕が研究対象にしている看護の世界では、**「プリセプター」**という役割があります。いわゆるメンターのことで、1年目の看護師さんのお世話係です。うまくいっている病棟は、みんなでプリセプターを支えています。それがないとプリセプター自身が潰れちゃうんです。**そのように、一対一の育成ではなく、コミュニティとセットにするというのは、1つの解になるかもしれません。**コミュニティで経験学習サイクルをまわすのです。

重要なのは「成功の振り返り」

本間　コロナ禍以降、やっぱり上長と部下のコミュニケーションが世の中に求められていたんだなと思います。

松尾　そうでしょうね。コロナ禍で上長と部下のコミュニケーションが薄れてきた状況に1on1がはまったのかもしれない。

一緒に働く以上、上長も部下も、やっぱり成長を感じられるほうがいいと思うんです。そういう意味では「**成功の振り返り**」が大事なのではないかと思います。日本人って失敗ばっかり見ちゃう。**失敗を振り返ることは必要なんですが、成功を振り返らせることも同じくらい大切**なんですよ。うまくいったことなので振り返ればポジティブになるじゃないですか。

本間　それは同感です。

松尾　**「成功」と、その人の「強み」に着目したほうがいい。**有名な経営学者のピーター・F・ドラッカーは「成功しているときほど、もっとうまいやり方を考えろ」ということを言っています。また、本田技研工業の創業者である本田宗一郎さんには「成功したときに振り返らないと、次の成功はない」というような言葉があります。

何かうまくいったことのなかに、たぶんその人の強みが活かされている。
実はある大企業で10年以上課長研修をやっているのですが、そこで職場のメンバーと成功の振り返りをどのように行っているかについて、自由記述式の調査を実施しました。分析して感動したんです。第1ステップは「何でうまくいったと思う?」と問いかけて、まずは成功を「承認」する。第2ステップでは、「このプロジェクトでうまくいったけど、次でうまくいくにはどうすればいいと思う?」と言って、その成功がほかでも再現できるように「普遍化」するんです。要するに、**「成功の拡張」**を行う。そして第3ステップは、ナレッジマネジメントです。文章化して、ほかの社員にもシェアしていく。「面」に広げていくんですよね。で、最後は次の計画に組み込んで、ストレッチする。

本間　社員の「成功」と「強み」を考えることって、やっぱりキャリアを考えることにつながるんですよね。「好き、得意、意味・意義を感じる」仕事の割合は、大きければ大きいほどハッピーだと思います。特に、そのうちの「得意な仕事」、つまり**その人の「強み」って、誰かに言ってもらわないとわからない**じゃないですか。

松尾　まさにその通りで、**育て上手の人って、部下の強みを言語化できる**んですよね。「あなたの強みはここだよね」って言ってあげて、そこを起点にして成長支援をするんです。

本間　日本では内省の支援ばかり重視してきたけど、「成功の拡張」をするために次の経験をどうつくってあげるかが重要ですよね。

松尾　そうですよね。うまくいった仕事のあとで、もう少しチャレンジする機会を与えて、さらに成功することを後押しすることが大事だと思います。

本間　3年先とか、5年先のイメージをクリアにしながら、ゴール設定をするといいですよね。

松尾　イメージさせるのは、**能力的なゴール**だったらいいんじゃないでしょうか。こういう力をつけたい、というような。

たとえば交渉力。一対一のコミュニケーション・スキルについては自信を持っている人でも、小グループになると自信がないので伸ばしたいとか。スキルをレベルアップして「成功の拡張」を行うイメージです。

本間　海外のビジネスパーソンと人事や人材育成の話をすると、「この事業には、どんなスキルを持った人が必要なんだ？」という質問をよく受けるけど、それに明確に答えられる日本人ってあんまりいない。スキルで語れないし、3年後にどういうスキルを付けたいかって言うと、答えられない。

松尾　そうですね。**自分の持ってるスキルや強みを言葉で説明できて、それをこれからどう伸ばすかについて考える**ことが大事だと思います。

ますか。

「育てる」のではなく育つ「場をつくる」

本間　ただ最近は、人を育成しても、どんどん辞めていく。ヤフーでも人が引き抜かれる状況があります。でもそうなると、もう人を育てるのが面倒くさくなるわけです。育てたってまた他社に引き抜かれる、って。そういう世の中において、人材育成ってどうなっていくと思われますか。

松尾　**人が辞めるのはしょうがないと思います。**だって、会社に魅力がないからその人は辞めるんで。やっぱり自分が成長できる企業に入りたいって多くの人が思うじゃないですか。

一方で**企業としては、「ここに居続けたい、魅力がある、働き甲斐がある」と社員に思わせなきゃいけない。**その勝負なわけですよ。人材育成は、企業の魅力の1つになりうる。引き抜いたり引き抜かれたりすることもあるかもしれないけど、それはしょうがない。ビジネスの本質ってそういうものかもしれない。人材育成っていうと研修をやったり、OJTで「育てる」イメージがあるんだけど、それだけじゃないと思うんですよね。**社内外のコミュニティのなかで、人が育つ「場をつくる」ことが大事**です。じゃあその場って何かというと、僕の研究では「**連携・変革・育成**」という3つの経験を積める場のことです。

本間　「連携・変革・育成」とはどういうことでしょうか。

松尾　「連携」は、他部署であるとか外部と連携することで人が育つという考えです。いろんな価値観や考え方に触れることで、コミュニケーション力が鍛えられたり、視野が広がったりする。「変革」は、何かを変えて成果につなげることですが、その一連のプロセスが人を成長させます。そして「育成」です。マネジメントとは「他者を通してことを成し遂げる」ことなので、部下育成が欠かせません。部下を育てる機会があるということは、マネジメント能力を鍛えるチャンスがあるということです。だから、せっかく育てたのに別の会社に引き抜かれちゃった、やってられねえよって気持ちはすごくわかるんですけど、**自分が成長してると思ったらいい**、とも言えます。育て上手のハイパフォーマーにインタビューすると、育てた部下が異動したり、辞めてしまったりしても、「どこかで活躍してくれていたらいい」と言う人が多いんです。「連携・変革・育成」の経験ができる会社は、成長するためのいい土壌があると言えます。だから、そういう場をつくるのが経営者の腕。そういう場づくりのなかに１ｏｎ１が１つの要素として入ってくると思うんですよ。

本間　３つの経験がしやすい土壌をつくるためにも１ｏｎ１が有効であるということですね。**経験する機会のことを、私は「経験資源」という言葉で説明しています。**近しい概念として、立命館大学の金井壽宏（かないとしひろ）先生が「一皮むけた経験」を唱えたのが２０００年です。関西経済連合会の会員企業にヒアリングした研究をまとめたわけですが、当時の幹部たちは高度経済成長期にミドルマネジャーとして多様な経験をしていました。会社が拡大に向かっているから、若いうちに「子会社に行け」とか「海外に行って支店をつくれ」と命じられて、めちゃくちゃいい経験をしているんですよね。ところがいまはどうかというと、そのような経験資源が枯渇している。企業が「失われた30年」で新しいチャレンジができなくなっている。それに、仮にそんな機会があったとしても失敗が許されない。こんな状況のなかで、数少ない経験資源を誰に渡すのか。そういう議論はまったくありません。

松尾　リーダーシップ開発の世界で有名なコンサルタントであるラム・チャランは、**優れたリーダーを育てるには、よいコーチをつけて、チャレンジングな経験をさせることが大事**なんだと主張しています。

本間　やはり、**経験資源を獲ってくることこそ、マネジャーの役割**なのではないかと思います。

「やらされっぱなし」は「やってられない」

松尾　少し話がずれるかもしれませんが、マネジャーの「**育成力**」ってちゃんと評価されてないんじゃないかと思うんです。企業を調査しているときに、「マネジャーの育成力のデータはありますか」と聞くと、ほぼ出てこない。「ありません」って言われることが多いんです。

本間　そうでしょうね。

松尾　それって20年前からそうなんです。そんな状態では、マネジャーからすると１ｏｎ１なんてやってられないですよね。部下の支援やサポートをするだけでやらされっぱなし。**記録されないってことは、ちゃんとやってる人とテキトーにやってる人と、評価が同じってこと。**もうちょっとシステマティックに評価して、ヤフーがやっていたような１ｏｎ１のアセスメントがあれば「育成力」もわかるわけじゃないですか。

本間　わかりますよね。

松尾　やっぱりただ「育成せよ！」と言うだけではなく、１ｏｎ１による育成効果がどのくらいあったのかを評価することが必要なのではないかと思います。

本間　最近、エンゲージメント・サーベイの結果を役員報酬に反映させるなんて例があるけど、育成力についても評価するべきでしょうね。そうすれば、上長のモチベーションも上がっていくように思います。

第4章 まとめ

- 年上の部下であるベテラン社員との1on1は難しい。しかし、1on1においては、苦手な社員こそが先生である
- 部下の話を週に1回も聞けないのだとしたら、組織構造自体に問題があるかもしれない
- 「特に話すことはありません」と言う部下は、「あなたとは話したくない」という意思表示をしているのかもしれないし、単に言語化が苦手なだけかもしれない。真意を見極めることが重要だ
- 本当の課題はどこにあるのか、部下自身が考えられる1on1が「いい1on1」

第5章 これからの1on1の話をしよう

1on1はどのように浸透し、企業を成長に導くのか。
本書の結びとしてヤフー時代の盟友・吉澤幸太さんと、
1on1の過去・現在・未来を語り合いました。

5-1

対談……❹

「ここまでやって、こんなもん」それでも1on1をやめない理由

吉澤幸太・LINEヤフー株式会社 コーポレートコーチ室エグゼクティブコーチ

2005年にSNS系サービス企画職としてヤフー（現LINEヤフー）に入社。メディア企業との協業プロデューサーなどを経たのち人事部門にコンバート。組織人材開発およびHRBPを担当する傍ら1 on 1の全社導入推進に携わる。現在は役員向けにコーチングを提供する役割に就いている。本間浩輔氏との共著に『1 on 1ミーティング 「対話の質」が組織の強さを決める』（ダイヤモンド社）がある。

2012年にスタートした1on1は、どのように浸透し、また進化していったのか。そしていま、1on1というカルチャーはどのような変化を遂げたのか。私と一緒に1on1を磨き上げ、『1on1ミーティング』(ダイヤモンド社　2020)の共著者でもある吉澤幸太さんとお話ししました。

＊＊＊

「人間って、そんなに強いものじゃない」

本間　ヤフー(以下、当時。現在はLINEヤフー)が2012年に始めた1on1は、吉澤さんとかなり密な議論を交わしながら社内での定着を進めました。『ヤフーの1on1』でも吉澤さんには深く関わってもらいましたね。その後にコロナ禍があって、上長と部下とのコミュニケーションは大きく揺れたと思います。

吉澤　ヤフーでもコロナ禍で「みんな、もう会社に来るな」となりました。でも、突然リモートワークになっても、それ以前から「何曜日の何時から1on1」って予定が決まっているわけです。だから、意外と影響は小さかったのではないでしょうか。**そう考えると、1on1がなかったらどうなっていたんだろうとは思います。**

本間　1on1をやっていたから、リモートワークになってもコミュニケーションの問題は少なかったんですね。

吉澤　予行練習がたっぷりできていたのだと思います。リモートワークのような状況になって初めて「やりましょう」では難しかったでしょうね。

本間　部門によっては1on1の回数が増えたと聞きました。

吉澤　コロナ禍前の2016年に会社全体で調査したときと同じ質問項目でアンケートをとったんです。そうしたら1on1の回数が増えていました。たとえば新しく入ってきた人には朝晩5分ぐらい話をするなど、工夫してうまく活用している部門の話も複数聞こえてきました。

　リモートワークだと普段の仕事をしている姿が見えないので、やっぱり上長も部下もお互い不安なんです。気楽さもあるかもしれないけれど、アサインされた仕事はやらなければいけませんし、情報共有ももちろんしているはずです。でも、進捗報告などの客観情報はともかく、**仕事そのものや、その進め方などについて個々にどう思っているかの主観を話す機会は、意図的に1on1で時間をとらない限りない**じゃないですか。

本間　やっぱり一人でパソコンと向き合って仕事をして、成果をアウトプットしているだけでは部下側も心細い。だから、**ちゃんと一対一で「ありがとう。ここはあなたの居場所だよ」「期待しているよ」というのを伝えることが重要**だよね。

吉澤　コロナ禍以前は上長が数メートルの範囲にいて、「おはよう」「お疲れさま」と普通に言っていました。それがいきなりなくなった。人間って、そんなに強いものじゃないですよね。

「最前線の管理職」のための道具

本間　これは、まさに「**小さなリーダーシップ**」の話だと思うんです。

吉澤　いろいろなところで話されていますよね。

本間　うん。従来のリーダーシップとは、何百、何千という人に影響を与え、集団を導くもの、とイメージされていたと思います。これが「大きなリーダーシップ」です。でも、それを学んだところで、実際に自分のチームに活かそうとしても無理があるんです。

吉澤　サイズが違いますしね。

本間　チームリーダーやマネジャーは職場のなか、いわば半径5メートル以内の5人とか10人のメンバーを対象にして、良好な人間関係を構築することが求められる。そのための有効な方法の1つが1on1です。**一人ひとりと個別に、高頻度で対話しながら様子を感じ取り、リーダーとフォロワーの信頼関係を築きながら、組織の成果を目指していく。**それが「小さなリーダーシップ」です。やっぱり、現場に近くて、若い管理職が一番大変だと思うんですよね。吉澤さんと一緒にやっていた「新任リーダー研修」でもそれを実感しました。

吉澤　やっていましたね。

本間　そこで感じたのは、現場の管理職が使うためのツールを人事が提供しなくちゃいけないということです。初めて部下を持ったときにどれだけコミュニケーションに苦労し、どれだけの時間を費やしたのか、経営層はほとんど忘れています。**だから人事は、いま現場で苦労している最前線の管理職に道具を手渡す必要がある。**

吉澤　そう、道具ですよね。しかも便利ですよ、名前が付いているっていうのはすごく。

本間　「1 on 1」っていうね。

吉澤　**1 on 1っていう言葉が付いているからやりやすかった。**たとえば、「毎週、部下と話す機会をつくってください」という指示だったら、部下の側からすると「呼び出された」と思うじゃないですか。でも、「ちょっと1 on 1、いいかな」って言うと、「ああ、やりましょうか」と言える。別に狙ったわけじゃないけど、現場を見ていると名前を付けることの効能があったんじゃないかなと思います。

本間　違う部門にいる人と廊下ですれ違ったり、エレベーターで一緒になったりしたときに、「本間さん、ちょっと1 on 1いいですか」って言われたら、「いいよ」って気軽に言える。たとえば評価会議とか、経営の会議をやっているときに、「ちょっとA君、心配だよね」って誰かが言ったら「1on1してる?」ぐらいの感じで話せる。そういう言葉になっていたね。

吉澤　そう。「1on1してあげてくださいよ」で、別にもう説明は要らない。

本間　**その本質って1on1の一般名詞化であり、面談の民主化なんだと思う。**それまで面談っていうのは、「呼び出されて詰められる」みたいなイメージだったかもしれないけど、それがみんなのためのものになった。1on1が特別でテクニカルなものから一般名詞化したっていうことでしょう。

吉澤　そう。だから経営のトップからも「社員のみんなに考えてもらいたいテーマがあるから、それぞれの1on1で話してみてよ」っていう提案が普通に出てくるわけです。

でも、最初からそうだったかっていうと、もちろん違っていて。少しずつ共通言語化していきました。2012年当時でいえば、社長だった宮坂さんや人事の責任者だった本間さんが、少し強引でも「**やるぞ!**」と号令をかけた。そして、現場は「**しょうがねえからやるか**」みたいなところから始まりましたね。

「これだけやって、こんなもん」

吉澤　1on1を社内に浸透させるために、本当にいろいろなことをやってきました。研修で応答技法を学んでもらったり、5人一組で行う「シャドーコーチング」というトレーニング、3ヶ月に1回1on1の効果をアセスメントする「1on1チェック」とその結果のフィードバックだったり。「1on1オブザーブ」といって、現場で行われている1on1に第三者が同席して、終わったら部下に退席してもらってフィードバックする活動もやっていました。隣の部署のマネジャーと組んで行う「ななめ1on1」もずいぶんやりましたね。かなり難易度の高いことも粘り強く試していたことを思い出します。

でも逆に言うと、「これだけやって、こんなものなんですよ」と、すごく思っています。

本間　これだけやって、こんなもん。言うねえ。

吉澤　いや、本当にこんなもんですよ。『ヤフーの1on1』の初版をつくっていたのは2016年ぐらいでしたが、そのときにようやく1on1が定着した感じがありました。でも、その前の約4年間は、いま考えると「ここまでやるか」というぐらいのことをやっていたんです。にもかかわらず、いまだってそのときに描いた理想像まで届いてはいない。だから、これだけやってここまでなんだ、と思うんです。

本間　1on1に関する本もいろいろ出て、人材育成系のコンサルの人たちも1on1の導入を商売にしているけれど、現実的にはそう簡単じゃないということですよね。

吉澤　ほかの会社の方々に1on1の導入支援をすることが増えましたが、**1on1の価値っ**

て一度説明するだけじゃわからないんです。少しやってみたところで説明を注ぎ足して、さらに続けたところでまた注ぐ。そうやって進んでいき、ようやく「こんな感じかも」みたいな世界観なんですよね。身もふたもない言い方ですけど、どこまで行ってもその感覚がない場合もある。一筋縄ではいかないですよね。ヤフーと同じようにやる必要はないとは思いますが、それなりの覚悟でやっていく必要がある。

モチベーションを高める「1on1チェック」

本間　1on1を導入した際の基本的なところで言うと、僕は**正直者がバカを見るようなものにしたくなかった。**一生懸命1on1を実践して人育てをしている人がいる一方で、1on1なんかせずに自分のノルマだけ達成して高評価、というのは嫌なんです。**だから、「1on1チェック」というアセスメントの仕組みを入れたのは、きちんとやっている人にフィードバックで報いるため**という理由もあります。

吉澤　アセスメントって「評価されている」という感じがすると思いますが、結局それもフィードバックなんですよね。自分の1on1が定点観測されて、定期的にその結果が返ってくるわけですよ。ずっとやっていると、改善されていくのが見える。

「１ｏｎ１チェック」のスコアが芳しくなかった人が研修に来て、「うまくいきません」と言ったとする。それに対して「じゃあ、もうそのこと自体を部下に相談しちゃってください。『うまくできないからいま研修に参加してるんだ』って」と伝えたら、それだけでアセスメントのスコアが上がることがあるんです。こうした気持ちの吐露が、心理的な距離を縮めます。

よりよい１ｏｎ１づくりという協働作業が、信頼関係を築くうえでのいいネタになっているケースです。そういうことを体験していくとちょっとずつ「こうすりゃいいのかな」ってコツが摑めてくる。

本間　やってみて、「あっ、できる」と気づくんですね。

吉澤　そうすると、今度は１ｏｎ１が面白くなってくるんですよ。次の3ヶ月後も「１ｏｎ１チェック」の数字が上がるとまた自信が付く。これを4年間やりました。

面白いのは、「１ｏｎ１チェック」のスコアが高い人のほうが、かなりの確率で昇格していくんです。スコアを見て昇格させているのではありません。**昇格している人を調べるとスコアが高い**んです。

本間　１ｏｎ１をすれば、３６０度フィードバックのポイントも上がるし、エンゲージメントも上がる。そうすると、部下の育成ができるようになりますからね。

青山学院大学の松尾睦先生は「パフォーマンスは測らなきゃいけない」と言っていますが、

１on１においてそのパフォーマンスが上がっているっていうのが常にわかるような仕組みが「１on１チェック」でしたね。

フィードバックは「頻度」

吉澤　若い世代が会社を辞めるのもフィードバックがないからだっていうんですよね。

本間　よく聞く話です。

吉澤　金間大介さんの『静かに退職する若者たち』（PHP研究所　２０２４）で読んだのですが、たとえばゲームだと、画面の四隅に自分の状態を示すさまざまな数値やアイテム情報などが表示されているじゃないですか。そして、画面を切り替えると全体のなかで自分はこう戦っている、ここら辺に敵がいる、どこに仲間がいる、などを常に察知できる。そういうたくさんの情報をリアルタイムで確認しながらゲームをプレイしている。

自分の状態についてリアルタイムでフィードバックがある状態だからこそ、自信を持って、しかも楽しみながら力を発揮することができる。こういう環境に慣れているんです。会社に入って「じゃあ、この仕事をしてください」と言われて、「わかりました」って受け取って、そのあと自分の仕事の良し悪しが来週にならなきゃわからないなんて恐怖でしかない、っていう話があって。それを読んで、1on1の効用が別の角度から見えた気がしました。

本間さんがいつも言う「コミュニケーションは頻度だ」と言うのと同じです。**自分はいま成長しているのかどうか、ほかの人にはどう映っているのかがわからないと不安になる。**そして、「このまま仕事を続けていって30歳になったとき、『あなたは成長していません』なんて言われたらどうしよう」などと迷う。それに対してフィードバックしてフォローするという仕組みが、大方の会社にはない、ということかもしれません。

事業部門との「パイプを通す」

本間 **会社が1on1の導入に苦戦する理由は、人事部が1on1の導入を一方的に進めていくから**だと思うんです。現場の人からしたら、「何やってくれるんだ」ということになりますよね。それまで現場とコミュニケーションをとっていなかった人事部が、いきなり1on1を導入するといったって反発されるに決まってる。吉澤さんは、なぜヤフーで1on1が広まったと思いますか？

吉澤 何で広がったかというと理由はいろいろありますが、強いて挙げるなら3つじゃないでしょうか。**1つ目は、経営層が巻き込まれてくれたことで、特定の部署だけでなく多くの部署**

につながっていったこと。2つ目は、「1on1チェック」というアセスメントをやって、現場へしつこくフィードバックを行ったこと。そして3つ目は、人事担当者が事業部門側に仲間をつくったことです。

特に3つ目に関して、僕は人事担当者として事業部門のいろんな現場に顔を出して、協力してくれそうな人と話をしていました。

本間 吉澤さんは事業部門出身だったこともあって、現場に行っても絶対に嫌われない。

吉澤 1on1ってそもそも、上長と部下とにパイプを通しておくことだと思うんです。それなのに、**人事部が事業部門の社員とパイプを通していなくてどうするんだ、**と思います。そんな人が「1on1をやれ」なんて言ったって、広まらないのは当然なんじゃないでしょうか。

僕は事業部門から人事部に移ったから、最初は人事の仕事がまったくわからなかった。もちろん1on1についてもほとんど理解していませんでした。

ちょうどその頃、人事部が1on1を導入するにあたって、少なくとも人の話を聞くスキルぐらいインプットしないと厳しいだろうということで、当時いた700人の管理職に対して30人ずつ分けてコーチング研修をやりました。たまたま僕がその研修担当にアサインされたため、何十回も研修を脇で見ていたわけです。そうすると、研修をやっているなかで本当に人が変わっていくのがわかるんです。そして、そういう人たちが現場に戻っていく。当時の僕のメモにはこう書かれていました。**「このコーチングって、もしかしたら化けるかもしれない」**って。だから研修でピンときた人たちと社内で会ったときなんかに、「あのあとどうなりました」なんて話しかけて関係をつくっていったんです。僕が「またいろいろ教えてくださいよ」なんて言うと、「もちろんですよ」と言ってくれる。**せっかく労力をかけて研修をやっているんだったら、事業部門の巻き込みをしたほうが人事担当としてもメリットが大きいと思います。**

本間　その通りだと思います。世の中の人事担当の多くは一人で1on1の導入をやっているんじゃないかなと思うんです。そうじゃなくて、**事業部門に仲間をつくることが重要**だなと思いました。同じものを見て、同じイメージで、同じ背景を持っていないと、会社の規模が何千人だろうと、何百人だろうと1on1を浸透させるのは難しいと感じるんです。

吉澤　そう思います。

DNAを継承する「1on1ネイティブ」

本間　僕は2018年に人事を離れました。その後、1on1はどうなりましたか？

吉澤　人事からの働きかけが大きく減りました。それは本間さんがいなくなったからじゃなくて、2016年ぐらいには「もう入ったな」という感触があったんです。ただ、新しく管理職になる人たちだけには研修をやっていたんですね。

加えて、「新任管理職キックオフ」というイベントが同時期に行われ、そこでは社長の川邊健太郎（現ＬＩＮＥヤフー会長）と新任管理職たちが対話するんです。川邊が社長になったのは２０１８年ですが、「**管理職にやってもらいたいことは２つだ。そのうちの１つが１ｏｎ１だ**」というのはずっと言い続けていました。

本間　強烈ですよね、社長が言うのは。

吉澤　たしかもう１つは、目標設定って言っていたかな。とにかく管理職の入り口だけは１ｏｎ１の研修をやっていました。ただ、それ以外にはあえて働きかけることはしていませんでした。でも、仮に「明日から１ｏｎ１は禁止だ」って言ったら、たぶん暴れる人が出たと思いますよ。

本間　確かに。それぐらい浸透していたし、なかったら困るっていう認識はあったでしょうね。

吉澤　そう思います。人事という立場上多くの人と話していますが、現場のマネジメントにおいて１ｏｎ１はいろんな場面であまりにも自然に行われている。

それに、ヤフーは異動が多くて、上長と部下の組み合わせもすごいスピードで変わっていくんです。そうするとＡマネジャーは全然１ｏｎ１になっていなかったけれど、Ｂマネジャーは、ちゃんと話を聞いてくれるだとか、比較ができてしまう。だから、１ｏｎ１をいい加減にやっている管理職はどんどん淘汰されるような状態になっていく。

本間　なるほどね。

吉澤　**そして導入から10年近くにもなると、上長と1on1を繰り返しながら育った「1on1ネイティブ」が、役員レベルまで達するようになりました。**そうすると、「(1on1を)やらないなんてあり得ない」という考えがベースになってくるんです。

本間　1on1＝人材開発である。それが〝ヤフーの1on1〟というカルチャーなんですね。

吉澤　**1on1で育って、いまや要職に就いている人たちのなかに、ちゃんとDNAが残ったような状態になっているんです。**「1on1をやるとどうなるのか」をちゃんと肌でわかっている人たちが、いまの会社を動かしている。

LINEとの合併前の社内調査になりますが、上長と部下が日常的にコミュニケーションをとっている状態がエンゲージメントを高めるということがはっきり数字で把握できていました。企業文化の異なる元LINEの人たちと一緒に働くことになり、もしかしたら少しずつかたちが変わっていくかもしれないですけれど、**対話や、上長と部下の信頼関係などどうでもいいと思っている人はもはやいない**と思うんです。

本間　確かにね。

1on1を「信じる」こと

吉澤 最後に、いまさら感はありますが、本間さんはなぜ1on1を信じることができたのか、あらためて聞いてもいいですか。

本間 それは、自分がコミュニケーションで失敗したからでしょうね。以前、とある部下に対してちょっとネガティブなフィードバックをしたんです。そうしたら、ブチ切れながら「本間さんは普段、何をしているかわかんない」って言い返された。それで僕は「まずい」、と思ったんですよね。

当時の僕はヤフースポーツにいました。利益を上げるためには会社のなかにいてもうまくいかないから、会社の外に行って顧客との信頼関係をつくって、大きい仕事を持ってくるのが僕にとっての正義だったんですよね。結果を出しているんだから、社内に説明する必要なんてないと思っていた。それについて自分の部下が、「本間さんは何をしているかわかんない」とキレたわけです。**自分の意図がフォロワーには伝わらないというのを痛感した。**

そのあと、優先順位を変えて部下とコミュニケーションをとるようになると相互理解が深まって、信頼が構築されていった。そうしたら、今度はどんどん才能と情熱が解き放たれていくわけ。「本間さん、これやっておきました」って言われて。「僕の期待はこうだから」って言うと、彼はどんどん成長していった。こういう感覚が僕の成功体験になったんですよね。

吉澤　最初に理論的な裏付けがあって始めたというよりも、体験がベースになっているということですね。

本間　体験ですね。**ただ指示しただけだとその通りにしかやらないけど「こんな組織をつくりたいんだ」とか「こういうふうにしたいんだよね」と言い続けると、やっぱりやってくれる。**「もっといきいきとした組織をつくろうよ」とか「あいつは、あそこであああいうふうに活躍してくれたからこれは盛り上がったよね。すごく楽しいよね」みたいな。そういう話をしたよね、よく。

結局、成果を出し続ける、強くてしなやかな組織ってこういう話ができる組織だと思う。トップのメッセージも大切なんだけど、それより現場が強い。そして、**強い現場をつくるのは現場にもっとも近い管理職**の存在だと思う。だから僕は、現場に近い管理職に１ｏｎ１というツールを渡したかった。小さなリーダーシップの哲学も同じで、これは理論とかじゃなく、自分の経験と試行錯誤から生まれたもの。１ｏｎ１が広がって、少し違うかなと思うこともあるけど、それでいいんじゃないかなと思うようにもなった。組織も人事も、それぞれが考えていくのが大切だからね。

第５章
まとめ

- 「小さなリーダーシップ」とは、チームリーダーやマネジャーがメンバー一人ひとりと個別に、高頻度で対話しながら様子を感じ取り、信頼関係を築きながらチームの成果を上げること
- まずは１on１をやってみて、それを続けてみることでようやく１on１の価値がわかってくる
- １on１は部下の成長についてなるべく高頻度でフィードバックを行う仕組み
- 人事担当者のみが主導するのではなく、事業部門とのパイプを通す

おわりに

最後まで本書をお読みいただき、ありがとうございました。

２００ページ以上を費やしてさまざまなことを語ってきましたが、実際のところ私が言いたいのは、とてもシンプルなことです。


仕事のパフォーマンスを高めるためには、組織内でのコミュニケーションが欠かせない。その軸になる上長と部下との間には信頼関係が必要だ。

信頼関係を築くためには対話の頻度が大事である。

対話を実りあるものにするためには、日頃から部下の様子を観察しておく必要がある。


どれも当たり前のことばかりです。


得手不得手はあるかもしれませんが、対話は誰にでもできることです。

虚心坦懐に目の前の部下（上長）と向き合い、話をする。

これが始まりであり、ほとんどすべてでもある。

本書では応答技法としてのアクティブリスニングやコーチングなどを紹介しましたし、カウンセリングについても触れました。しかし、これらの技能や知識がなければ１ｏｎ１が始められない、というわけではありません。

むしろ、１ｏｎ１を始めてみて、その必要を感じたときにコーチングの基礎を学ぶなどしてレベルアップを図ればいいのです。

第４章の対談で松尾睦さんは、「１ｏｎ１について世の中で推奨されていることは、かなりハードルが高いとも思います」と指摘されました。

そして「もっとシンプルにして、上長も部下も『またやりたい』と思えるような、手ごたえを感じるものになるといいですよね」とも。

まったくその通りで、本書が「またやりたい」と思えるような、手ごたえを感じる１ｏｎ１のためのガイドになれば、これほどうれしいことはありません。

昨年夏、飯倉片町（いいぐらかたまち）の和食屋さんで、私はある大企業のエグゼクティブとお話しする機会をいただきました。そのとき、そのエグゼクティブが「これ読んでるよ」と言って、２０１７年に刊行した『ヤフーの1 on 1』を取り出しました。

見せていただくと、付箋がたくさん付けられていて、真剣に読み込んでくださっていることがわかりました。

話を聞いてみると、私が講師を務める慶應丸の内シティキャンパスの公開講座に参加くださり、『ヤフーの1 on 1』を購入されたとのことでした。その後、同社でも1 on 1の導入を決められ、いまではグループ全体で取り組んでいると教えていただきました。

この本をきっかけにして、私たちの知らないところで、いろいろな形で1 on 1が行われている。当たり前のことなのですが、うれしくなりました。同時に、気恥ずかしさも感じたのです。

そもそもヤフーでの1 on 1に自信があるから『ヤフーの1 on 1』を表に出そうと考えたわけではありませんでした。正直に言えば、ヤフー社内での1 on 1に行き詰まりを感じていました。

そこで、自分たちの仮説（1 on 1が組織を元気にして、勝つ会社になる）を確かめたくて、また、多くの人からのフィードバックが欲しくて、トライした本でもあります。

「はじめに」でも書きましたが、それはヤフーの1 on 1が優れていたからではありません。多くの人が、上長と部下とのコミュニケーションが重要だ、と考え始めていたところに、タイミングよくこの本が出たのだと思います。

こうやって、多くの方が本を手に取り、自社に導入したり、講座に参加してくれたりしている。この数年の間に、私自身がいろいろな人からフィードバックをもらって、あらためて見えてきたこともある。

このことを整理して、もう一度みなさんにお伝えしたいと思いました。

改訂版を書き終えてみて、本書をアップデートできたと感じます。多くの方に届いて、それぞれの1on1をよりよいものにするために役立てていただくことを願っています。

そして、あらためて、これからの企業において変革を行うため、または成長していくためには、上長と部下との関係性が重要であり、必須条件と言ってもよいことを強調しておきたいと思います。

「小さなリーダーシップ」の説明でも触れましたが、上長と部下との関係性（あえていえば信頼関係）を高めていくことは、人事課題を越えて、経営の課題になるはずです。

上長と部下の信頼なくして、変革なしと言ってもよいと思います。

改訂版もまた多くの方のご協力を得ることになりました。お名前を挙げて、感謝に代えたいと思います。

まず、前回に続いて協力をしていただき、対談にも登場していただいたLINEヤフーの吉澤幸太さん。吉澤さんの存在があったからこそ、ヤフーにおける1on1はカタチになりました。そして、対談に快く応じてくださったリンクトインの蛯谷敏さん、立教大学の中原淳さん、青山学院大学の松尾睦さん。また、TBSホールディングス社長である阿部龍二郎さん、博報堂常務の岩崎秀昭さんには、多くのインスピレーションを、住友生命保険相互会社の渡邊一田さん、井上真紀さんからは素敵なエピソードをいただきました。

そして、慶應丸の内シティキャンパスの公開講座に参加してくださった多くの方々にも、感謝を伝えたい。受講生からのフィードバックがあったからこそ、改訂版としてアップデートすることができました。また、みなさんが独自に勉強会や練習会をされている姿に刺激を受け、パワーをもらってきました。

加えて、ティーチングアシスタントとして講座を支えてくれた、木下学さん、小坂恵さん、笹岡奈美子さん、中村有沙さん、中村雄一さん、橋村将来さん、宮田香さん。事務局の保谷範子さん、安全自動車副社長の中谷象平さん。みなさんの存在が心強かった。助けられました。

最後に、編集にご協力いただいたフリーライターの間杉俊彦さん、ダイヤモンド社書籍編集局の工藤佳子さんには、企画段階から長い時間を伴走していただきました。

みなさま、本当にありがとうございました。

2025年2月吉日

本間浩輔

※本書は2017年に弊社から刊行された『ヤフーの1on1』の増補改訂版です。ヤフー株式会社（当時）は現在LINEヤフー株式会社に社名を変更しましたが、本文中では刊行当時の「ヤフー」表記としております。

［著者］
本間浩輔（ほんま・こうすけ）
・パーソル総合研究所取締役会長
・朝日新聞社取締役（社外）
・環太平洋大学教授　ほか

1968年神奈川県生まれ。早稲田大学卒業後、野村総合研究所に入社。2000年スポーツナビの創業に参画。同社がヤフーに傘下入りしたあと、人事担当執行役員、取締役常務執行役員（コーポレート管掌）、Zホールディングス執行役員、Zホールディングスシニアアドバイザーを経て、2024年4月に独立。企業の人材育成や1 on 1の導入指導に携わる。立教大学大学院経営学専攻リーダーシップ開発コース客員教授、公益財団法人スポーツヒューマンキャピタル代表理事。神戸大学MBA、筑波大学大学院教育学専修（カウンセリング専攻）、同大学院体育学研究科（体育方法学）修了。
著書に『1 on 1ミーティング「対話の質」が組織の強さを決める』（吉澤幸太氏との共著、ダイヤモンド社）、『会社の中はジレンマだらけ 現場マネジャー「決断」のトレーニング』（中原淳・立教大学教授との共著、光文社新書）、『残業の9割はいらない ヤフーが実践する幸せな働き方』（光文社新書）がある。

増補改訂版
ヤフーの1 on 1
――部下を成長させるコミュニケーションの技法

2025年２月18日　第１刷発行
2025年６月４日　第２刷発行

著　者――本間浩輔
発行所――ダイヤモンド社
〒150-8409　東京都渋谷区神宮前6-12-17
https://www.diamond.co.jp/
電話／03･5778･7233（編集）　03･5778･7240（販売）
マンガ―――小倉治喜
写真――――大崎えりや（P. 161、P. 200、P. 214）
装丁、カバーイラスト―竹内雄二
校正――――円水社
製作進行・DTP―ダイヤモンド・グラフィック社
印刷・製本―勇進印刷
編集協力――間杉俊彦
編集担当――工藤佳子

ISBN 978-4-478-11982-2